30代のための
エコハウス

お金を貯めたければ家を建てよう

大井建設工業株式会社
大井康史

明工建設株式会社
仁藤 衛

横尾建設工業株式会社
横尾祐司

WAVE出版

はじめに

皆さん、はじめまして。私は、長野県にある大井建設工業（株）の2代目社長、大井康史と申します。この書籍を共同で作成した3社の社長を代表して、この本を手に取っていただいたあなたさまに、ひと言お礼申し上げます。

私の会社は長野県の軽井沢町、佐久市、上田市を中心に住宅の建築と、テレビで有名になったテラスハウス軽井沢などの別荘の建築を行なっています。さらに、私の母校でもある信州大学とエコ住宅の共同研究も行なっており、この本の中に、そのノウハウも入っています。

さて、私は軽井沢町に生まれ育ちましたが、軽井沢の自宅は当時の最高技術を集めて建築したはずですが、子どもの頃はとても寒く感じました。でも、今考えれば仕方ありません。40年以上前には高性能な断熱材や断熱性能の基準はありません。耐震性能もありません。大工や職人の経験と勘がすべての時代だったのです。

ところが、そんな建築業界に平成25年に国土交通省がようやく全国の断熱基準を作りました。それ以降は、ある程度の断熱性が高い住宅が建築されていますが、私たち3人の考えは「この国土交通省の基準では甘い」というものです。

そのため、私はもっと暖かい住宅はできないだろうかと、大学の建築学科に相談に行ったり、北海道の家づくりにヒントを求めたり試行錯誤を続けてきました。

その甲斐もあって、現在の建てている住宅は本当に冬暖かく、夏涼しい家が建てられるようになってきました。

また、お金に関しても10年以上研究を続けて、20代・30代・40代・50代・シニアの方でも年齢や年収に合った資金計画、土地の選び、建物のプラン作りも提案しています。

本書はそれらの経験をもとに、新しい知識を入れながら、3人の住宅会社の社長が相談しながらまとめた書籍になります。

しかも、当社の施工エリアである軽井沢は避暑地で有名です。つまり、冬は北海道並みに寒くなります。新潟・上越の横尾建設工業さんは、冬の雪対策が特徴ですし、静岡・御前崎の明工建設さんは、夏の暑さと太平洋からの強い風への対策が特徴です。（2020年の一番暑い記録は、御前崎から近い浜松市で41・1℃でした）

日本は、南北に長く、東西にもかなり長いので、気候という面では本当に千差万別です。それに対応するためには、地元に長く暮らすわれわれのような地元の建築会社（工務店）は、さまざまな工夫を日夜行なっています。

紙面の都合はありますが、この書籍は当社や仲間の会社の集大成といっても過言でありません。

もちろん限られた紙面ですし、あまりに専門的なところは泣く泣く割愛した部分もありますが、本当に大切な部分だけをコンパクトにお伝えできる本にできたと自負しています。

本書が皆さんの家づくりの参考になれば幸いです。また、ぜひ皆さんにマッチした住宅会社を選んでいただくための参考にもしていただければと思います。

この書籍を手に取っていただき誠にありがとうございました。
あなたさまの家づくりが成功することをお祈り申し上げます。

令和2年9月

大井建設工業株式会社
代表取締役　大井康史

お金を貯めたければ家を建てよう

目次

第2章 どんな家を建てればよいのか？ 家は資産として考えない。家は保険である

第3章　本当に家族全員が健康に暮らすためには

第4章 トータル35年間のコストで考える

第5章　日本人がまったく勉強しない、お金というもの

第6章　お金を節約するための手段

第7章　得する住宅ローン

第8章　お金を放置して、老後の2000万円を貯める

ブックデザイン&本文DTP&図版制作　津久井直美
編集　貝瀬裕一（MXエンジニアリング）
企画・監修　湊洋一（MXエンジニアリング）

序　章

家づくりのための書籍

家づくりというのは、車や家電といった商品に比べると、決めるまでと手に入るまでの過程がとても長いのが特徴です。

それはそうでしょう。

価格が車の10倍以上します。しかも、一度購入すると買い換えには、かなりの労力と時間が必要です。

たとえば、土地の購入の契約だけで、半日は会社を休んで平日に2時間あまりの説明を延々と聞かないといけません。それまでに、数多くの土地を見比べて、情報を集めて決めるだけでもかなりの時間が必要です。

まだ、どんな会社を選べばよいのかも悩みのタネです。住宅展示場に行くと、たくさんのメーカーが出展していますが、どの会社も高価です。もっと安い会社はないのかと、出展していない会社はないのかなと思われると思います。当社を契約いただいたお客さまからも、「初めはいったいどうやって探せばよいのかわからなかった」と言われたこともあります。

会社を決めて契約しても、間取りだけではなく、床や壁の材料、色、コンセントの数と位置、照明、エアコン、収納、外壁と屋根など、たくさんのことを決めていかないと、家づくりは終わりません。

ただし、これらのことが苦痛ではなく、皆さんとても楽しそうに進めていただけるので、作り手のわれわれもとても楽しく進めさせていただいているのが救いです。

つまり、住宅取得というのは長いマラソンを走って行くような作業です。マラソンもやっていない人は大変そうだなと思うかもしれませんが、実際に走ってみるととても楽しいのです。たた、いくら楽しいといっても家が完成して引き渡しが終わるまでに、最低でも半年、長いと2年ぐらいの方もいます。

その前には「自分たちが本当に家を建てても大丈夫か?」とか、「建売住宅と注文住宅、中古住宅のどれがよいのか?」「マンションもあるし、どんな基準で選べばよいのだろう?」という疑問や質問で、感情も乱れます。ネットで検索しても、まったく違う意見が散見されて、「何を信じればよいのか?」という思いになるかもしれません。

この書籍の企画から、完成に至っては3社の工務店社長の意見を出し合って編集によってまとめ上げるという作業を行ないました。

そして、そこで話し合われたのは、基本的にこんな話です。

家づくりのための入門書というのは、すでにかなり出ており、住宅ローンの基礎とか、会社の選び方などの基本的な書籍はかなりあります。

ところが、いざ性能に関して踏み込んだ書籍となると、実際には大学の先生や建築士の先生の書籍はかなり出ているものの、住宅のつくり手からの書籍はまだ少ないのが現状です。

ですので、想定している読者というのは、「家づくりを始めてみたけれども、何を基準にすればよいのかわからない、専門書は難しすぎるので、さっぱりわからない」という方です。

つまり、家づくりに関してある程度情報収集をされた方に向けて、住宅建築のプロの本を届けたいという風に考えました。

そして、住宅というのはやみくもに性能だけ高くしてもいけません。そうするとどんどん値段が高くなっていってしまうからです。「そのバランスをどの程度にするべきか？」ということは本書で十分にお伝えできたと思います。

また、一般の人に読んでもらいたいのですが、ある程度勉強した人にも読みごたえがあるように、あまりに入門的になることも避けています。そのため、少し難しい表現も出てくるかもしれません。でも、安心してください、本書に出てくる内容であれば、プロの建築会社はまず知っています。ですので、質問、疑問は皆さんの選んだ会社の担当者に聞いてみてください。

もし、まったく知らないという住宅会社の担当者がいたとしたら、逆に本書を元に一緒に勉強していただいて、性能のよい住宅をバランスよく建てることができるでしょう。ただし、そもそも知識の余りない方との家づくりを見直すきっかけになるかもしれません。

本書は家づくりのプロが書いた本です。文章のプロが書いた本ではありません。そのため、一部読みにくい表現が見られるかもしれません。もし、わからない表現や、質問があったり、今の住宅会社と言っていることがまったく違うなど疑問点、質問点などがあれば、いつでも筆者の会社に電話してください。

「本を読んだけれどもわからない」という読者の方には、喜んで説明させていただきます。われわれにとっては、皆さんの成功こそが、喜びであり、幸せです。

残念ですが、本書に登場する住宅の性能を満たしている家は、日本の家の５パーセント以下です。つまり、１００軒の家があったら、95軒以上はちょっと残念な性能ということになります。

本書がこのような現状を少しでも変える力になれれば、と思っています。

どうか読者の皆さまが、楽しい家づくりと豊かな暮らしが送れることを祈念しております。では、老後資金不足問題を解決して、豊かな暮らしを送れる家づくりの旅を楽しんでいただければ幸いです。

第1章

どうして家を建てないとお金が貯まらないのか

ここでは「どうして家を建てないとお金が貯まらないのか?」という話をお伝えします。実際のお金の貯め方に関しては、第8章にまとめてお伝えしてありますので、そちらも参考にしてください。

お金を貯めたければ、家を建てよう

厚生労働省が発表した「平成28年国民生活基礎調査」によれば、2016年度の1世帯当たり世帯主の年代別平均貯蓄額は、20代で154万8000円、30代で403万6000円ということです。想像以上に着実だということがわかります。

実際に皆さんご自身は平均よりも貯蓄ができているでしょうか。

もし、貯蓄ができていないとしたら、それは皆さんが浪費家だからでも、貯蓄が下手だからでもありません。

その理由は、これからお伝えする2つが原因です。

1つ目は、日本人はお金の教育をきちんと受けていないからです。

家づくりというのは、ほとんどの方は35年間かけてゆっくり住宅ローンを返していくものだと思っています。ここで、20代、30代、40代で家づくりをする方は、ローンを払い終わるタイミングでご自身が何歳になるのかを調べて、そのときまでにどのように住宅ローンを支払っていくか考えるわけです。そのように、お金に関していえば、地道に自分のこととして考えるのが一番よいのです。

家を建ててお金を貯めるには、この本で紹介している方法をとるのが一番リスクが低いですし、確実です。皆さんにはしっかりお金に関してご理解いただき、勉強して豊かな人生をお送りいただきたいのです。

2つ目は、家賃というのが人生において最大級にお金がかかるものだからです。

これから家を建てるという方のほとんどは「土地も一緒に探してほしい」とおっしゃいます。私自身、工務店の社長として、多くのお客さまに接していますが、ご両親などの親族がお持ちの土地に家を建てるという方はまだまだ少数派です。ほとんどの方は自分で土地を買って、そこに家を建てています。

そして、現在は賃貸住宅にお住まいという方が多数派を占めます。

賃貸住宅にお住まいの方は。毎月の家賃を5万円以上、多い方で8万円くらい支払っています。東京や大阪、名古屋といった大都市圏では、最低でも10万円。下手をすると20万円近い家賃を支払っている方もいらっしゃるかもしれません。

公務員や大企業にお勤めの方には社宅や家賃補助がある場合が多いですが、ほとんどのサラリーマンや自営業の方は家賃補助がないのが現状です。

家賃がたとえ5万円であっても、30歳から80歳までの50年間にわたって支払いつづけると3000万円になりますし、もし15万円の家賃を50年間支払うとしたら9000万円にもなります。しかもこれだけ支払っても自分の所有物にはなりません。

つまり、家賃というのは人生のコストの中で最も大きなものと言っても過言ではないのではないでしょうか。

お金と家づくりは表裏一体

そのため、「しっかりと将来のことやお金のことを考える」というか考えざるを得ないのが、多くの方にとっては、住宅取得のタイミングが最大で最後なのです。

このタイミングで、じっくり30年、40年、50年という先を見据えてお金について考えられないと、一生お金を貯めることなどできないのではないでしょうか。

私の友人の中には、一攫千金を夢見て、ＦＸに手を出したり、株式の先物取引を始めたり、宝くじをせっせと買っている人もいますが、残念ですがどのやり方も成功する人は極々わずかです。つまり、成功者は数千万円、数億円という大きなお金を手にしますが、その背後には数万人の失敗者がいるというわけです。

こんな一か八かのような儲かるかどうかわからない話に乗って、35年にわたってコツコツお金を返済していく住宅取得をあきらめて、１００人に１人、１０００人の１人の成功者を目指して、ＦＸや株式投資の手法を学ぶのは時間のムダではないでしょうか。

別に株式投資もＦＸも否定しませんし、楽しい趣味にはなるでしょうが、これで大きな財産を築けるのは、ほんの一握りの人であるということをご理解いただきたいのです。

成功して大金をつかむ人はせいぜい１００人に1人しか現れません。宝くじだと数万人に1人です。あなたがくじ運が最高によい、どんなギャンブルをやっても必ず勝ち越すという強運の持ち主であれば別ですが、金運も特別ないというのではあれば、この本で解説するコツコツ貯蓄を目指すべきです。

この本には、無理な蓄財法はいっさい書かれていません。もちろんリスクはゼロではありませんが、そのリスクは20年、30年という時間を使うことでほとんどなくなってしまいますので、ぜひともコツコツと積み立てを続けて、豊かな家づくり、豊かな人生、豊かな老後を手に入れていただければと思います。

老後2000万円問題が発端

この問題を考えはじめたきっかけは、2019年（令和元年）の7月に突然持ち上がった老後2000万円問題でした。金融庁のワーキンググループが作った報告書を麻生財務大臣が受け取りを拒否して話題になりました。

あの問題の本質は、「老齢年金だけでは老後資金不足になるのではないか？」という問題でした。ただし、この本をすべて読んでいただければご理解いただけますが、現状の老齢年金の支給金額が維持される限りは、一定の条件の下ではありますが、老後の資金不足は起きません。

ただし、少子化にともなって今後、老齢年金の支給開始時期が現在の65歳から70歳に引き上げられる可能性があります。その場合は、なんとしてでも70歳近くまで仕事をする必要があります。10年後、20年後の世界では、70歳は今の60歳くらいのイメージで元気かもしれません。

いずれにしても、この本を最後まで読んでしっかり対策をしていただければ、基本的には老後の資金に関しての問題は解消されることをお約束します。

老後2000万円問題　～不安の元凶

ただ、老後2000万円問題は、私たちを不安にさせました。でも、不安というのはこれから何が起こるのかがまったくわからないから、不安になるわけです。

「もし、このままだとあなたは老後に月々このくらいの資金が不足になるので、それに備えて、70歳になるまでに、あと700万円だけ貯めてください」と言われたら、そのために夫婦でどうすればよいか考えて、目標に向かってせっせとお金を貯めればいいだけです。

予定よりも多く貯まっていれば、ちょっと休んでのんびり旅行に行ってもよいでしょうし、予定よりもお金が足りないようであれば、臨時収入を得る方法を探してみてください。不要な物を売却してもいいですし、簡単なアルバイトをするのでもかまいません。最近の企業はサラリーマンの副業を認める方針なので、何もあわてる必要はありません。今後はこの流れは止められなくなります。

要するに目標もなければ、必要な金額もわからないので不安になるだけなのです。この本を最後までお読みいただければ、多額の貯金なんてなくても、老後は不安なく生活できるということをご理解いただけると思います。

ずーっと賃貸に住んでいる家族はたった1割

しかも、今後は80代以上で賃貸に住んでいる人は、大家さんから退去を求められることがあるかもしれません。アパートなどの賃貸住宅で孤独死が発生すると、事故物件となり、

1年以上の長期間にわたって別の人に賃貸できなくなるというリスクがあります。そのため、高齢者は賃貸住宅への入居を断られたり、契約の延長を拒否されるケースもあるようです。

そのようなわけで、70代以降での賃貸物件探しはなかなか難しいようです。

実際に、2人以上の世帯の持ち家率は90パーセントに迫る勢いです。つまり、家族で暮らしている世帯は、持ち家に住んでいると言っても過言ではありません。

この持ち家というのは、マンションや戸建て、新築だったり、中古だったりします。

でも、いずれにしても世帯主が持ち家に住んでいるというのが、現在の日本人の一般的な姿なのです（図1－1）。

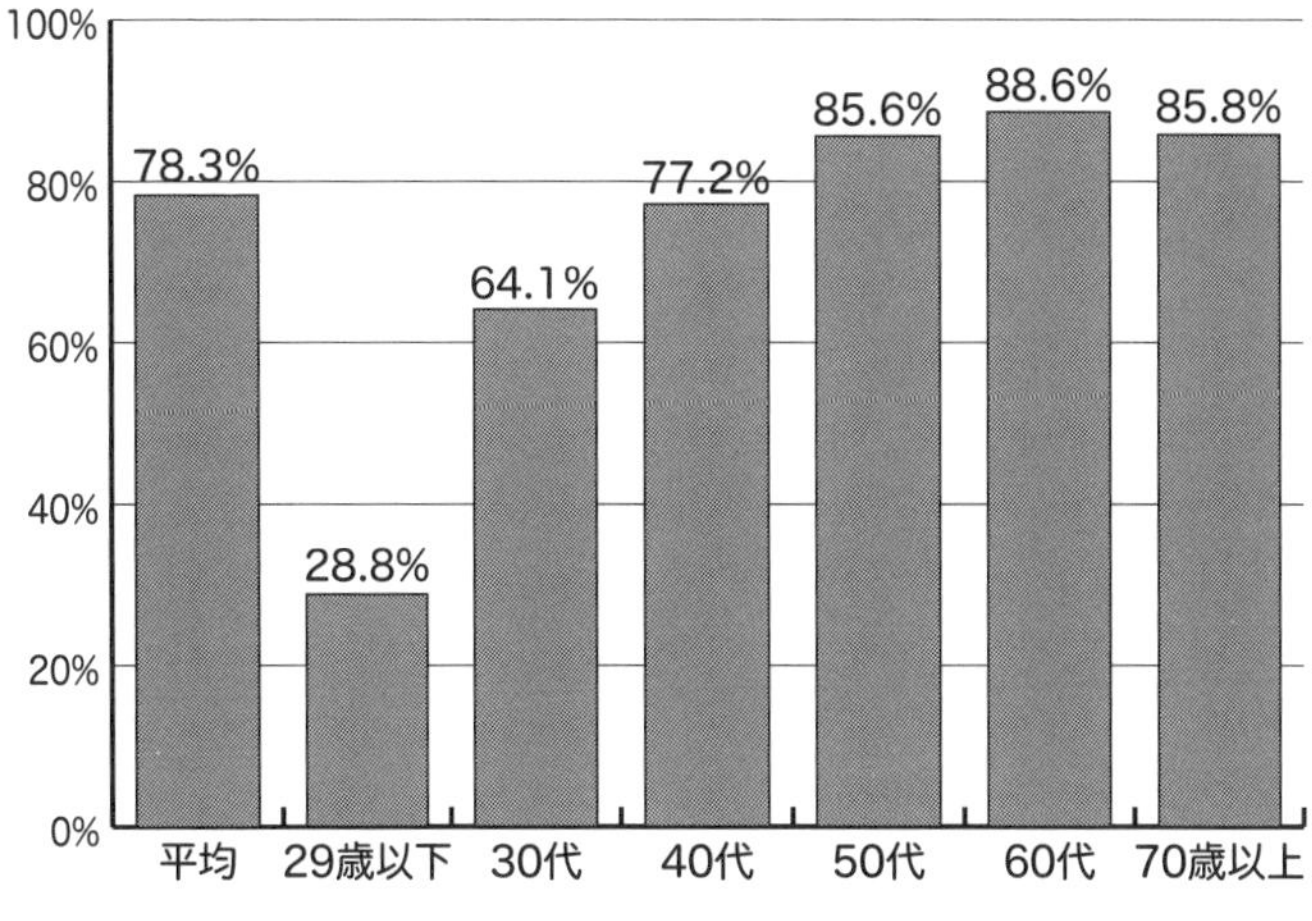

図 1-1　世帯主の年齢階層別持ち家率（2 人以上世帯のうち勤労者世帯、世帯主年齢階層別）（2018 年）

お金を貯めるにはゴール設定が必要

豊かな人生のためには、しっかりとした住宅取得計画と、購入後のプランニングこそが重要です。

お金を貯めるには、必ずゴールが必要です。住宅取得も、必ずプランニングが必要です。そのゴールやプランニングは皆さんの家庭の考え方によって大きく異なります。

それは、「子どもを産むか産まないか？」「産むとしたら、子どもは何人くらいか？」そして「子どもの教育費は、どこまで親が面倒を見るのか？」などによって大きく異なります。

また、ご家族の車の買い換え頻度や、はたまた通信費用などのコストなどを細かく見たうえで、年間いくらくらいの貯蓄をして、最終的に何歳までにいくら貯めないといけないのか？　また、ご自身が80歳、90歳になったときに預金と年金はどうなっているのか？

これらのプランニングをしておいたほうが、よりよいゴールを迎えることができるでしょう。

20年後、30年後のことは私にも予見することはできません。ですが、皆さんよりも長く生きてきた年長者として、20年、30年という年月は、何がどのくらい変わるかは想像できます。日本のバブル崩壊、ＩＴバブル崩壊、リーマンショックなどを乗り越えてきたからこそお伝えできることはあると思っています。

そして、皆さんにご家族で話し合っていただきたいのは、「現在、毎月いくらくらいの生活費が必要か？」「それはそれぞれ何に使われているのか？」そして「老後を迎えて、仕事をしなくなったら毎月いくらあれば生活できるか？」ということです。

お金の項目に簡単なチェックシート（次ページ図１－２）をつけておきますのでそちらもご活用ください。

意外にかからない子育て費用

現在は、少子化がかなり進んできています。そのため、政府としては皆さんにできるだけたくさん子どもを産んで育ててほしいと願っています。私にも子どもはいます。子どもはうるさいですし、面倒ですが、かわいいですし、大きくなると頼りにもなります。もし、子どもは持たないと決めているご夫婦でなければ、子どもはぜひ産んで育てていただきた

1.現在の総収入：月額（万円）		合計	万円
現在の手取り月収	ご主人		万円
	奥さま		万円
ボーナス手取り（12等分する）	ご主人		万円
	奥さま		万円
そのほかの月額収入			万円

2.現在の月の収支	
ご夫婦の月額必要生活費(概算) (※食費、被服費、遊興費、保険費用、通信費などすべての生活費の月額平均)	万円
お子さま1人あたりの必要生活費	万円
お子さまの人数	人
住宅ローン・家賃	万円
月額貯蓄 この金額の65歳定年までの金額が原資になります（月額貯蓄×12カ月×65歳までの年数)。この金額で、3番の人生で必要な大型予算＋老後資金を貯めます	万円

3.人生で必要な大型予算	合計　万円
お子さまの生涯教育費 (保育園・幼稚園～大学卒業まで、お子さまのアルバイト収入、奨学金など除く)	万円×　人
自動車納入費用	万円
家電・家具の購入費用	万円
年間の旅行費用(現在～引退まで)	万円×　年
自宅のリフォーム費用	万円

4.老後の所得収支		
老後の生活費（ご夫婦2名のみ） ただし、家賃はかからないものとする。		万円
年金収入（※ねんきん定期便などを使い、月額収入のおおよそを算出)	ご主人分	万円
	奥さま分	万円
過不足金額（※年金収入に不足がある場合は、この月額不足額×12カ月×30年が安全な老後に必要な資金となります)		万円

図1-2　お金のチェックシート

いです。できれば、日本の将来のためには2人以上育てていただけるとこんなうれしいことはありません。

少子化対策として、子育てに関していえば、最近はかなりコストが抑えられるようになりました。

まずは、子ども1人あたりにつき現金給付が行われるようになっています。これは「児童手当」と呼ばれますが、3歳まで毎月1・5万円、それ以降は中学を卒業するまで1万円が給付されます。これは所得の制限はあるものの子どもの人数に応じてもらえますし、少額ですが、しっかり貯めておくことで将来の学費がまかなえます。

さらに、中学生になるまで医療費はほとんどかかりませんし、保育園に関しても無償化、低額化が進んでいます。

また、義務教育は基本無償です（ただし私立の学校を除く）。今後は私立の高校においても授業料に大幅な補助がつくなど、子育ての費用は10年前に比べて著しく減っています。

ただし、子どもにきちんとした大学教育を受けさせようと考えると、中学への入学前か遅くとも高校生になる頃には学校以外の塾などの教育費用が必要でしょう。また、大学入学のための入試費用はバカにならない額です。

そのため、大学に進学してほしいと考えるのであれば、子ども1人あたり300万円〜500万円の貯蓄があったほうがよいでしょう。ですが、子どもを大学に進学させるつもりがなければ、そこまでの資金は必要ありません。

私の個人的な意見ではありますが、大学の費用に関しては、奨学金の活用をおすすめます。

これには理由が2つあります。

1つは、東京の私立大学の学費と都内のアパート代などの仕送りを考えると、子ども1人あたり1000万円以上の蓄えが必要になります。それを100パーセント用意するのはかなり難しいことです。しかも、そのことが理由で、最悪の場合には住宅の取得を断念しないといけなくなります。

確かに、子どもはとても大切です。家族にとっては宝のような存在です。ですが、子どもに振り回される人生は考えものです。子どもは親が幸せに暮らしているから、幸せになるわけです。まずは、ご自身の住まいをしっかり固めたうえで、子どもの教育費を考えるようにしましょう。

もう1つは、子どもたちが100パーセント親に頼るような性格になると困ります。親に頼ることばかり考えるようになると、大人になっても誰かに経済的に依存して生きていくクセがついてしまいます。これからは男女を問わず働いて自分で収入を得ていかないといけない時代です。

これからの世の中を生き抜く活力のためには、大学の学費を親が100パーセント出すということはしないほうがいいかもしれません。

もちろん、いきなり高校3年生の子どもに「大学進学の学費を出さない」と言うのは酷ですので、できれば中学生くらいから、親が教育や学費についてどう考えているかをしっかり子どもに伝えて、子どもに考えさせるべきだと思います。

子どもが大学進学を決めてから、「学費は全額出せない」と通告するといった不意打ちを加えるのはよくありません。

コントロールすべき趣味の出費

これ以外に人生を大きく左右するのは、車、バイク、骨董などの費用がかかる趣味ですね。このような数十万〜数百万円のお金がかかる趣味は、人生を豊かにはしますが、経済的には負担になります。そして、お金が必要になるタイミングはなかなかコントロールしづらいものです。

これらの趣味は否定しませんが、収入とのバランスが特に重要な若い頃には、自重してお金の使い方をコントロールするべきです。お金をコントロールするスキルというのは、人生において最も大切なスキルだと言っても過言ではないでしょう。

若い頃に住宅ローン以外の大きなカードローンや消費者金融、クレジットカードのリボ払い、自動車ローンなどの比較的高額で利率の高い借金をしてしまうのはかなりリスクが高いので、借金体質の方は1日も早く返済して体質を改めてください。そのためには、しっかりと夫婦でお金を使わない、一見すると貧しいともいえる生活を自覚的に送ることです。貯蓄をするクセをつけるためにも、欲しいものをガマンして買わない生活を一定期間送るようにしましょう。

趣味はとても大切ですが、収入から必要経費を除いた範囲内で楽しんでいただきたいと思います。

家を買って、保険を見直す

次に、住宅を購入したら行なわないといけないのは、保険の見直しです。これは後半のお金の話でしっかりとお伝えしますが、保険というのは家賃と同じくらいムダで、人生にとって必要のないコストです。

保険会社にお勤めの方には申し訳ありませんが、貯蓄代わりとして使えた保険は、この低金利時代にもうほとんど残っていません。

つまり、保険は人生のコストであり、リスクヘッジでしかありません。この時代に家族で保険に毎月数万円、年間に20万円以上支払うというのは正気の沙汰ではありません。

お金を貯めないでいい人ならかまいませんが、お金が大好きな人は、保険はなるべく減らしていきましょう。私が、数多くのお客さまと接した経験上いえるのは、かしこい若い人ほどあまり保険に入っていません。

理由はそもそも若い頃にはお金がないからというのもありますが、ムダだということを感覚的にご理解されているからでしょう。

最低限に必要な保険（お金の項目で詳しく説明します）のみに入って、そのほかは解約してしまいましょう。

また、住宅ローンを組むと団体信用生命保険（略して「団信」）が無償で付いてきます。ただし、糖尿病などの持病がある人はこの保険には入れませんので注意が必要です。住宅ローンを組むまでは、健康管理には気を配って、健康体でいるようにしましょう。

この団体信用生命保険には３大疾病（脳卒中、心筋梗塞、ガン）特約などが付保されている場合があります。この場合は、３大疾病にかかるとその時点で住宅ローンの支払いをしなくてもよくなります。

つまり住宅ローンを組むと、それと同じ額の死亡保険に入っているのと同じ状態になるので、住宅取得時に団信に入るだけで、死亡保険は最小限、あるいは不要になります。

いずれにしてもムダな保険を一刻も早く止めて、余ったお金を積み立てに回しましょう。

次の章からは、どのような家を建てれば失敗しないかをお伝えしていきます。

第2章

どんな家を建てればよいのか？

家は資産として考えない。家は保険である

ここからは、「お金を貯めるためにはどんな住宅を建てればよいか？」を考えてみます。

そのためには、どんな会社に建築を依頼すればよいのか？

「中古住宅、中古マンションについてはどう考えればよいか？」もしっかりお伝えします。

家であればどんな建物でもよいというわけではありません。中古住宅や建売住宅の中には買うと絶対に失敗する物件が少なくありません。

それらのものをしっかり選別する目を養っていただくために必要な情報をお伝えいたします。

建築基準法上での耐震基準

「建築基準法」という法律があります。これは日本で建物を建てるときに必ず準拠しないといけない法律です。

この法律にのっとって、すべての新築住宅やマンションが建設されています。

日本は地震国なので、当然地震への対策も建築基準法には盛り込まれています。

しかしながら、これは最低基準なので、新築住宅を建てる人にとっては不十分な場合もあります。

というのは、建築基準法上で、建築を認められるのは、「数百年に一度程度の地震（震度6強から7程度）に対しても倒壊や崩壊しない。または、数十年に一度発生する地震（震度5程度）は住宅が損傷しない程度」の建築物となっているからです。

これで、問題ないと思う方は、この章を読み飛ばされてもよいと思います。

私は、これを初めて確認して2つの点に疑問を抱きました。

数百年に一度の地震？

この震度6強、震度7の地震というのが、数百年に一度程度発生すると書かれている点です。ご存じのように、震度7の地震は25年前の阪神淡路大震災から、何度も聞く数値です。

さすがに毎年起きているわけではありませんが、2000年代に入ってからも、中越地震、東日本大震災、熊本地震、北海道胆振東地震と4回も起きています。

震度6強まで含めると、ほぼ毎年のように起きています。2019年には新潟市を中心としたエリアで震度6強の地震が起きています。

そして、この倒壊しないというのは、30分以内に倒壊しないことを指し示しています。その理由は、「仮に大地震が来ても、建物が倒壊するまでに30分あれば十分に逃げ出せるだろう」という配慮からだそうです。

ですが、ちょっと待ってください。

命が助かるだけでは、われわれは満足できません。建物には、建物そのものと家財という財産を守るという役割もあります。

震度6強、震度7といった大きな地震でも倒壊しない家というのはできないものでしょうか？

もちろん建物も倒壊を免れるだけでいいということはありません。地震が来ても、生命も家財も守って、災害のあとでも同じように生活ができる家が必要です。

そのためには、「震度7の地震が来ても建物が倒壊しない」ためにはどのような条件が必要なのでしょうか？

耐震等級

実は、建築基準法にその秘密があります。

耐震基準には、「耐震等級」という考え方が存在します。

耐震等級には1、2、3という基準が存在しています。

耐震等級1とは、建築基準ぎりぎりの震度6強、震度7でかろうじて倒壊しないというレベルです。そして、耐震等級2にはそれよりも25パーセント高い強度が、さらに耐震等級3には50パーセント高い強度が求められています。

われわれの避難所となる学校などの建物は耐震等級2、市役所、警察署、消防署などの災害対策本部になるような建物は耐震等級3で建てられています。

つまり、耐震等級3の住宅を建てることができれば、災害対策本部と同等の強度を持つ建物ということになるわけです。

このように、新しい建物は耐震等級3で建てることを目指していただきたいのです。

熊本地震で実証された耐震等級3

次ページの図2－1をご覧ください。これは、震度7がおよそ1週間の間に2度も襲った熊本地震で最も震度が強かった熊本県益城町での調査データです。

このグラフは、京都大学の生存圏研究所の五十田博教授が、益城町のすべての住宅を調査した結果によるものです。このようなデータは、世界的にも珍しいと思います。

このグラフによれば、1981年以前の旧耐震基準で建てられた建物で、無被害はたった5パーセント前後。古い家屋の多くは解体を余儀なくされてしまいました。実際には小破であっても、大規模な災害にあった場合は建て替えを免れないでしょう。

これは、新築の場合は、古い建物を解体して、すべて新しくできるのですが、修繕の場合は、被害の程度を確認して、その被害を受けた部分を取り除いて、修繕しないといけないからです。この修繕というのは、かなり高度な技術を要求されるので、対応できる大工さんが限られています。

大震災の場合は被害を受けた住宅が多く、修繕が完了するのに2～3年の期間が必要です。その間、不便でも生活できればよいのですが、それが難しい場合は建て替えという選択肢しか残されていません。ということで、耐震等級3で家を建てるという選択肢が一番安心、安全だといえます。

シミュレーションでも実証された安全性

京都大学の生存圏研究所に在籍する中川貴文准教授が開発した「wallstat（ウォールスタット）」というソフトウエアがあります。

このソフトウエアは、ＰＣ上で建物を建てて、その建物に地震振動を加えてシミュレー

損傷ランク		V（破壊）倒壊	IV（大破）全壊	III（中破）大規模半壊	II（小破）半壊	I（軽微）一部損壊	無被害
損傷比率※1	旧耐震基準 〜1981年6月	214棟(28.2%)	133棟(17.5%)	373棟(49.1%)			39棟(5.1%)
	新耐震基準 1981年6月〜2000年5月	76棟(8.7%)	85棟(9.7%)	537棟(61.2%)			179棟(20.4%)
	新耐震基準 2000年6月〜	7棟(2.2%)※2	12棟(3.8%)	104棟(32.6%)			196棟(61.4%)
	うち耐震等級3	0棟(0%)	0棟(0%)	0棟(0%)	2棟(12.5%)		14棟(87.5%)
損傷イメージ※3	概念図						

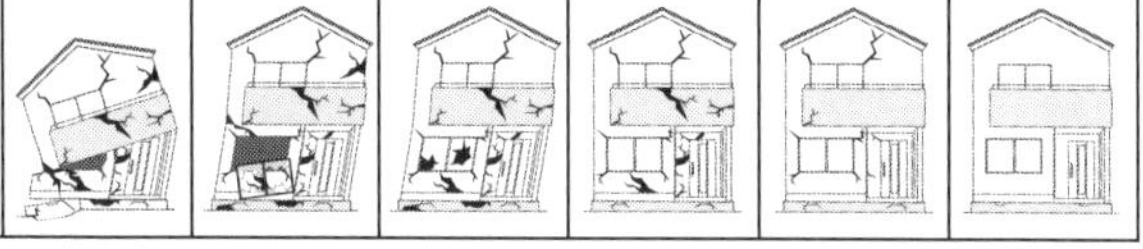

※1　出典：国の熊本地震における建築物被害の原因分析を行う委員会　報告書より
※2　7棟のうち3棟は接合部使用が不十分であり、1棟は敷地の崩壊、基礎の傾斜などが確認された
※3　参考資料：ヤマベの木構造　著者：山辺豊彦

図 2-1　熊本地震における木造住宅の建築時期別の損傷比率（建築学会によって実施された益城町中心部における悉皆調査より）

ションができるというものです。

そして、「実際に設計した建物に震度7の地震を加えたときにどのように揺れるのか？」を確認することができます。

当然ですが、そのソフトウエアのシミュレーション結果と実際に建物を地震を再現できる機械で震動させて得られた結果との比較実験も行なっています。

つまり、無料のソフトウエア1つで、なかなかできない地震実験をさまざまな建物に対して実験することができるのです。

ユーチューブには、このソフトでのシミュレーションが公開されています。ぜひともご覧ください（「ウォールスタット」と検索すると見つかります）。

たとえば、阪神・淡路大震災のＪＲ鷹取駅での地震計のデータを入れたシミュレーションでは、耐震等級3未満の建物はすべて倒壊してしまっています。

つまり、そのような意味でも耐震等級3の建物を建てるというのは大切だと改めて考えさせられるのです。

地震保険も値引き

ほとんどの建物の地震保険は10年間で10万円前後ですが、耐震等級3にすることでこれがほぼ半額になります。

なお、木造住宅で「省令準耐火」という構造にすれば火災保険も安くすることが可能です。当然ですが、一般の工務店で省令準耐火構造を採用しているところは少ないのですが、オプションでの対応をしてその費用が納得のできる範囲内であれば採用をおすすめします。

省令準耐火構造の場合は、火災保険が木造住宅でも鉄筋コンクリート造（RC造）と同じ費用になります。つまり、それほど火災に強い家にできるということです。

実は2つある耐震等級3

最後に、少し専門的になりますが、耐震等級3には2つのアプローチがあることをお伝えしておきます。

1つは、「品確法」といわれる法律にのっとって算出する方法です。これは、木造住宅の品質を確保するために平成11年に設立された法律で、住宅のすべての方向の耐力壁、準耐力壁と呼ぶ強度アップされた壁、床の構造体などを所定の方法で数えてゆく簡易的な手法です。

これでも、一般的には問題ないとされていますが、もう1つの「許容力度計算」と呼ばれる構造計算を行なうほうが安心で確実です。

これは物理的に基礎部分からそれぞれの材料の物理特性を使って、建物全体がどの程度の強さがあるのかを計算していくものです。

この場合は、建物1軒で数百ページにおよぶ計算書が添付されます。

以前は手計算で行なわれていましたが、現在ではＣＡＤと呼ばれる製図ソフトのデータから直接ＰＣによる計算が可能になりました。

これで計算を行なうと、実際の建物の地震に関する許容力が耐震等級1の何倍あるかが数値でわかります。

こちらのほうがデータも残っているので、本当にその数値が出ているか検証もしやすいのでおすすめです。

ただし、膨大な計算を行なうので計算費用が1つの建物につき20万円程度費用がかかるうえ、慣れていないと建築費用も上昇するので、初めて構造計算をするような住宅会社に頼む場合は注意が必要です。

建物は安心のためにある

せっかくわが家を手に入れたのに、地震が来るたびに不安になるようでは、意味がありません。

耐震等級3で家を建てておけば、震度7が2度も襲った益城町でも、9割の建物が無被害でした。

もちろん、震度7が自宅を襲えば、家具は散乱するでしょうし、ライフラインも最低1週間以上使えなくなることでしょう。

ですが、少なくとも建物を建て替える必要はなくなります。

震度7が来ることを恐れてビクビクしているよりは、「万が一震度7の地震が来てもよほどのことがない限り問題はない」という安心感を買うことをおすすめします。さらに、地震保険に加入しておけば、地震が原因で火災が発生した場合でも保険である程度カバーできます。

ただし、地震保険は建物の価値の半分しか保証してくれません。つまり、震度7が襲った場合でも、建物の価値が2200万円であれば、1100万円しか保険金が下りないのです。

この場合は、建て替えであれば、再び建てるための住宅ローンと、壊れてしまった住宅のローンのうち半分以上の額はローンを組む以外になくなってしまいます。

建物の安心を買う意味では、耐震等級3は心からおすすめしたい指標です。

そのほかの災害対策について

建物を襲うのは、何も地震だけではありません。地球温暖化の影響で、台風も大型化しています。異常気象と呼ばれる現象が日本各地で発生しています。2019年には2つの特徴的な台風が関東・東北・甲信越地方を中心に大きな被害をもたらしました。

風と雨です。

風は、耐震等級のように、耐風圧で等級がありますが、それだけでは不十分です。しっかりとした耐風圧のある窓と軽い屋根がかなりの対策にはなりますが、近隣の瓦屋根が飛んできてしまっては対策も万全とはいえません。

また、おすすめなのは、窓用のシャッターです。どうしてもシャッター用のカバーが目立つのでご施主さまによってはつけたくないとおっしゃる方もいらっしゃいますが、シャッターは大きな台風が来たときに窓を守るのに有効です。

また水害ですが、これば市町村のホームページに必ずハザードマップがあります。これで、浸水する可能性のある箇所を確認しておいてください。

そして、どんなに安い土地でも、頻繁に浸水するエリア内の土地の購入はだけ控えていただきたいと思います。

万が一、浸水する箇所にどうしても住まないといけないという場合は、土台や基礎の高さを少しでも高くすることをおすすめします。その場合は費用がかなり高くなりますが、万が一浸水することがあれば床上浸水の場合は、場合によっては、床をすべて交換になってしまいます。

こうなると補修費用は100万円を超えることが多くなるので、あらかじめ基礎の高さを少しでも高くしておくことが有効な場合もあります。

中古マンションはどうか？

この本は、基本的には新築をこれから建てる方に向けて書いていますが、第2章の終わりに中古マンションと中古住宅に関して少しふれておきます。

まずは、中古マンションですが、地方と都市部によって考え方が異なります。

都市部で、戸建て住宅が買えないほど土地が高い場合は、中古マンションを検討するのはよいと思います。東京都内が代表的ですが、土地が坪100万円以上すると土地を購入するだけで最低でも3000万〜6000万円の費用が必要です。ここに性能がそこそこの家を建てると予算が5000万～8000万円になります。

そんな場合は、広さがそこそこで利便性の高い中古マンションは選択肢の1つです。ただし、注意が必要でして、最上階や1階、また両端の区分は光熱費が高くなってしまうという問題があるのです。

つまり、中古マンションに関して言えば、中間階で左右にも部屋がある物件を選んでください。

ただし、周辺の価格に比べて著しく安い物件は、難がある場合が多いので、注意が必要です。

マンションなどの集合住宅の場合は、区分所有者が多いので、子どもがいるご家庭は騒音などのトラブルが起きる場合もあるので注意が必要です。

また、私がマンションをあまりおすすめしない理由は、修繕積立金と管理費の存在です。これは、マンションの購入価格とは別に最低でも1・3万円前後が毎月かかってしまいます。この金額は若い世帯にとっても思いのほか重いのです。

ですので、戸建てと比較する場合は、おおよそ500万円程度マンションのほうが割高になると考えて選んでいただきたいと思います。

都市部においては、駅から徒歩10分以上離れたマンションは資産価値が著しく低下するのでおすすめしません。

また、地方の場合は、マンションの場合、購入後に価格が上昇することはあり得ないので、中古で管理がよく、どうしても気に入ったという場合以外はあまり購入はおすすめできません。

地方都市でのマンションの購入は、消費だと割り切ったほうがよいでしょう。

中古戸建ての場合

中古戸建てについても考えてみます。

地震対策も、断熱性能も一定以上の水準でほしいという場合はあまりおすすめしません。

住宅の場合は、日本の税制上、築21年以降は建物の価値はほぼゼロと考えることが多いです。

ですので、築25年より古い建物はほとんど土地だけの価格で取引されています。

これを購入して、最低限のリフォームをして住むことは、持ち家さえ手に入れることさえできれば、古くても性能も問わないというのあればアリでしょう。

ただし、ご自身の年齢が65歳くらいになるまでに建て替えるか、断熱改修を行なう前提で住み替えをする場合のみにしていただきたいのです。第3章では建物と健康の関係をお伝えしますが、断熱に関して特筆されていない中古住宅の場合は、断熱性能は非常に低いと思われます。窓はガラス1枚板でしょうし、壁の断熱材はスカスカになっているでしょう。

このような家に住むと家族の健康状態が悪くなってしまいます。子どもは冬の間は風邪気味になって気管支炎になりますし、大人は血圧が高くなってしまいます。

そのため、20年以上同じ家に住みつづけるのであれば、しっかり断熱改修を行なうことをおすすめします。可能ならば、プロによるインスペクション（診断）をしっかりしたうえで耐震等級は2程度、断熱性能もできるだけ上げるようにしてください。

それを前提として、中古住宅をコストと性能のバランス、さらに立地を買うというのであればおすすめしますが、単に立地がよいからというだけで購入するとあとで後悔します。

中古住宅といえども、リフォームしてしっかりとした断熱性能に持たせるという前提で購入していただきたいです。

第3章

本当に家族全員が健康に暮らすためには

せっかく新しい家に引っ越しても、家族が病気になったり、寝たきりになるような建物の購入は避けないといけません。この章では、どんな家を建てれば家族が老後も健康で、豊かに生活できるのかをお伝えしていきます。

実は健康は建物によって得ることができる

私たちは健康のために食べ物にとても気を配ります。

最近では「糖質制限」といって、炭水化物の摂取を制限するダイエットがかなり流行しました。さらに、ビタミン、ミネラルなどの食にまつわる健康法など、現代の日本では、健康のために食事を気にするということは当たり前になっています。

また、運動を行うために各地のマラソン大会などが賑わい、国内のいたる所にスポーツジムがあります。多くの日本人が健康をかなり重要視していると言っても過言ではありません。

それをふまえて、図3－1をご覧ください。

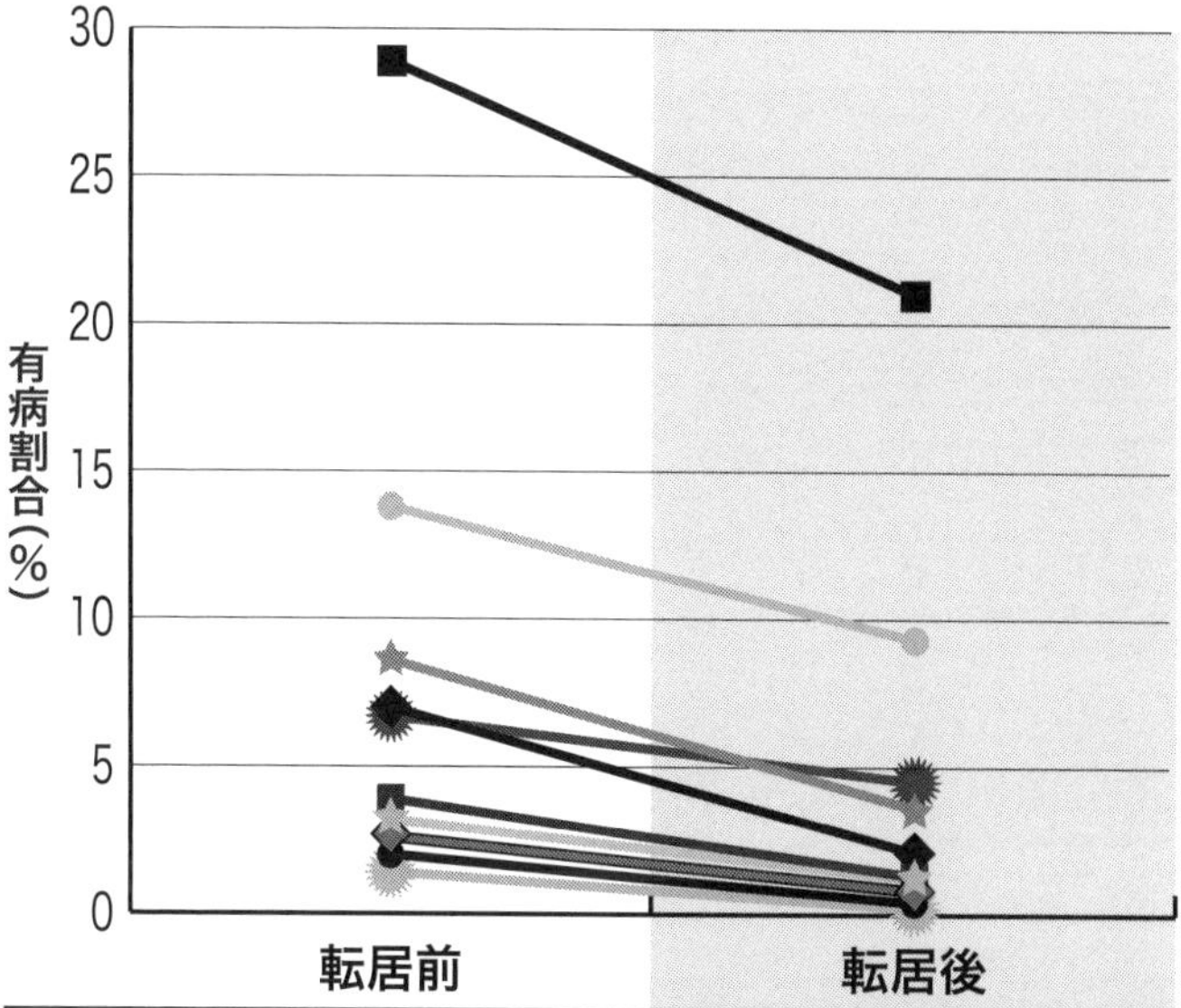

■ アレルギー性鼻炎	28.9%	→	21.0%
● アレルギー性結膜炎	13.8%	→	9.3%
★ 高血圧性疾患	8.6%	→	3.6%
◆ アトピー性皮膚炎	7.0%	→	2.1%
気管支喘息	6.7%	→	4.5%
■ 関節炎	3.9%	→	1.3%
★ 肺炎	3.2%	→	1.2%
◆ 糖尿病	2.6%	→	0.8%
● 心疾患	2.0%	→	0.4%
脳血管疾患	1.4%	→	0.2%

結露減少によるカビ・ダニ発生改善、暖房方式の改善と24時間機械換気による室内空気質改善、遮音性能改善、新築住宅への転居による心理面での改善などとの複合効果と考えられる

岩前篤：断熱性能と健康、日本建築学会環境工学本委員会熱環境運営委員会第40回熱シンポジウム、pp.25-28、2010.10伊香賀俊治、江口里佳、村上周三、岩前篤、星旦二ほか：健康維持がもたらす間接的便益（NEB）を考慮した住宅断熱の投資評価、日本建築学会環境系論文集

図 3-1　高断熱住宅化で有病者が減少

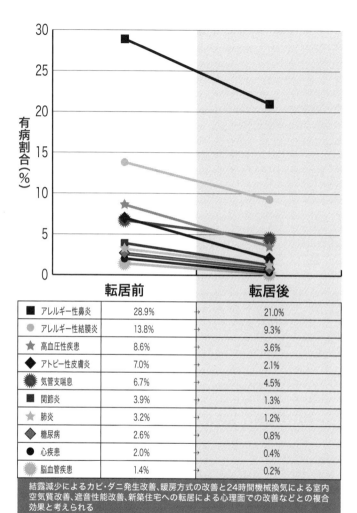

建物の断熱性能が高い家に引っ越したご家庭の1万人以上に対する追跡調査によると、高血圧をはじめ、アトピー、アレルギー、糖尿病などに至るまでも改善しているという報告がなされています。

高断熱の家のほうが健康になる

これらの高断熱の建物に引っ越したほうが健康になるということはどうして起こるのでしょうか？

専門家は、報告書で次のように伝えています。

・結露現象によるカビ・ダニの発生が減少
・断熱性能＋暖房方式の改善による室温の安定
・24時間機械換気による室内空気質改善
・遮音性能改善

・新築住宅の転居による心理面での改善
・これらの複合効果

まずは、高断熱の建物にすることで、結露《けつろ》が抑えられます。結露とは、空気中の水分が冷やされて、冷たい面に水滴となって現れることを指します。真夏に冷たい飲み物の容器の表面が濡れる現象と言えばご理解いただけるでしょう。

これが、ダニやカビを呼ぶということになります。日本の家屋は真冬でもある程度暖かいのでダニやカビが繁殖しやすくなります。

さらに、断熱性能がよいと建物内の温度差が小さくなって、建物のどこでも暖かく温度差がほとんどなくなります。暖房は、エアコンを使うと空気を汚しません。昔のストーブなどでは灯油の臭いが家中に広がったものです。あれは健康にはよくありません。

また、2003年以降の建物には換気も義務づけられています。これも建物内部の空気質を改善します。特に二酸化炭素濃度は、人間の作業効率にある程度影響を与えるという論文が発表されていて、できるだけ屋外と同じ程度にまで屋内の二酸化炭素濃度を下げることが望ましいとされています。

断熱性能が優れている新しい家は、防音にも有効です。

これらのことから、新しい高性能（断熱）住宅は、住人の健康にもよいという認識が徐々に広がってきました。

交通事故死者数を上回る溺死者

２０１５年（平成27）から消費者庁は、毎年のようにこのような通達を出しています。実際に２０１９年の11月にも同様の通達が提出されています。

それは、「冬季に多発する高齢者の事故にご注意ください」というものです。

これは、冬季に65歳以上の高齢者が自宅のお風呂で溺死することがとても多いので、それに対する注意を喚起したものです。

実際にデータを見ると、２０１５年には、４８００人以上の方が自宅の浴槽内で溺死しています。

この数字を交通事故死者数と比べると異常な数であることがご理解いただけると思いま

す。というのも、同じ2015年の交通事故死者数が4100人台だからです。

あれほど、交通事故でたくさんの人が亡くなったという報道の影で、それよりも700人も多い方がひっそりとお風呂で溺れて亡くなっているというのは異常事態ではないかなと思うのです。

「この原因はいったいなんだろう?」と調べると、驚くべきことがわかってきたのです。

〈参照資料〉
消費者庁ホームページ「冬季に多発する高齢者の入浴中の事故に御注意ください!」(PDF)
https://www.caa.go.jp/policies/policy/consumer_safety/caution/caution_009/pdf/caution_009_181121_0001.pdf

お風呂で溺死するわけ

自宅のお風呂で溺死するという異常事態が、どうして年間に5000人近くの方の身の上に起きるのでしょうか？

そのカギは、建物の温度にありました。

真冬の住宅の室温は、リビングの温度が18～23℃くらいに維持されています。冬の室温に関して言えば、快適を求めると最低でも23℃以上ほしいところです。

古い家では、こたつの中は暖かいけれども、リビングの室温は18℃よりも低いという家をよく見かけます。

日本の住宅の性能が低すぎるために、この温度が維持されているのは、居間やリビングなど普段人がいる居室だけです。

そして、トイレやお風呂の脱衣所は、平均的には10～15℃前後のお宅が多いようです。

特に古い住宅は寒いのです。

たとえば、リビングが23℃、脱衣所が10℃だとすると。脱衣所では着衣を全部脱いで裸になるので、身体が感じる体感温度は、さらに下がります。

人間の身体は、なるべく体温を一定に保とうとしますので、23℃のところから急に10℃の部屋に移動して、さらに着衣を脱ぐと血圧が急上昇します。

そして、お風呂が43度のように高めの温度に設定されていると、今度は血圧が急降下するわけです。

血圧というのは急上昇や急降下すると血管に大きな負担がかかります。そこへ飲酒、喫煙などが加わるとさらに変動幅が大きくなってしまいます。

その結果として、脳血管や、動脈などの弱い部分に負担が集中して、最終的に意識を失って、湯船から自力で立ち上がれなくなり、溺死ということになるのだそうです。

実際に山形県では、庄内保健所が「庄内41℃ふろジェクト」ということで、お風呂の温度を41℃にする。お風呂に入る前に、家族に伝えて、家族も定期的にお風呂の中と会話をするなどという活動をユーチューブで公開しています。

ですが、そもそも家の性能が低いために起こることであって、家の性能が高く、脱衣所も15℃以上あれば、このような血圧の大きな変動は起きないのです。

ドイツの20倍以上の溺死者数

次ページの図3－2をご覧ください。これは各国の溺死者の数値です。衝撃的なことが

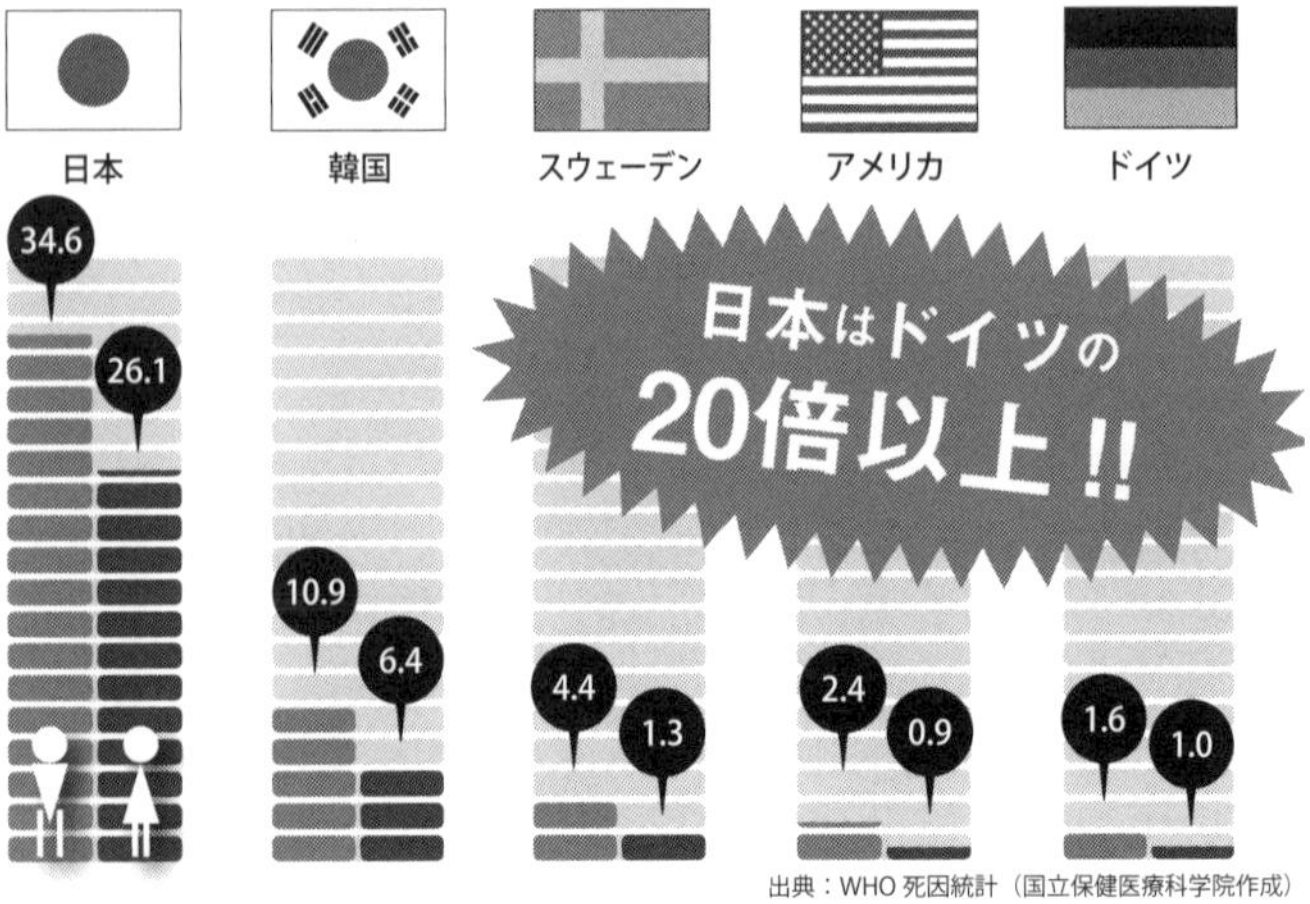

出典：WHO 死因統計（国立保健医療科学院作成）

図 3-2　75 歳以上の高齢者・年間溺死者数の国際比較（10 万人当たり）

わかりますが、日本は欧州などや韓国に比べても圧倒的に溺死者が多い国です。

この原因は先述のお風呂での、血圧の変動にともなう疾患に原因があると考えられます。

ドイツに比べて20倍以上というのは、日本のように頻繁に湯船にどっぷり浸かる文化がないなどの差はあると思いますが、本当に衝撃的な数字です。

ドイツ、アメリカ、スウェーデンは同水準です。韓国は若干高いですが、それでも日本の3分の1程度でしかありません。お風呂での事故死は、日本だけの特有の現象になってしまっているのです。

これは冬の脱衣場の温度が寒いことと因果関係を疑わざるを得ません。

2020年の冬は暖冬だったとはいえ、北海道では数十年ぶりにマイナス35℃を記録するなど、温暖化が進むと寒暖差が大きくなってしまいます。

そんなときに適切な断熱を行なっておくのはとても重要です。このグラフから見ても、日本の建物の性能の低さがよくご理解いただけると思います。

本当に恐い低室温

イギリスの保健省（日本の厚生労働省に当たる）が次のような警告を出しています。

冬の室温で、21℃以上を推奨、18℃以上を許容温度としています。そして、16℃以下では、呼吸系疾患の可能性が上がる。つまり風邪をひきやすくなったり、気管支炎などになるリスクがあるというわけです。さらに、9～12℃になると高血圧になり、心臓血管疾患のリスクがあり、5℃以下になると低体温症になるハイリスクだと言っています。

つまり、室温が16℃以下になるとさまざまな健康を脅かすリスクが多くなるというわけです（次ページ図3－3）。

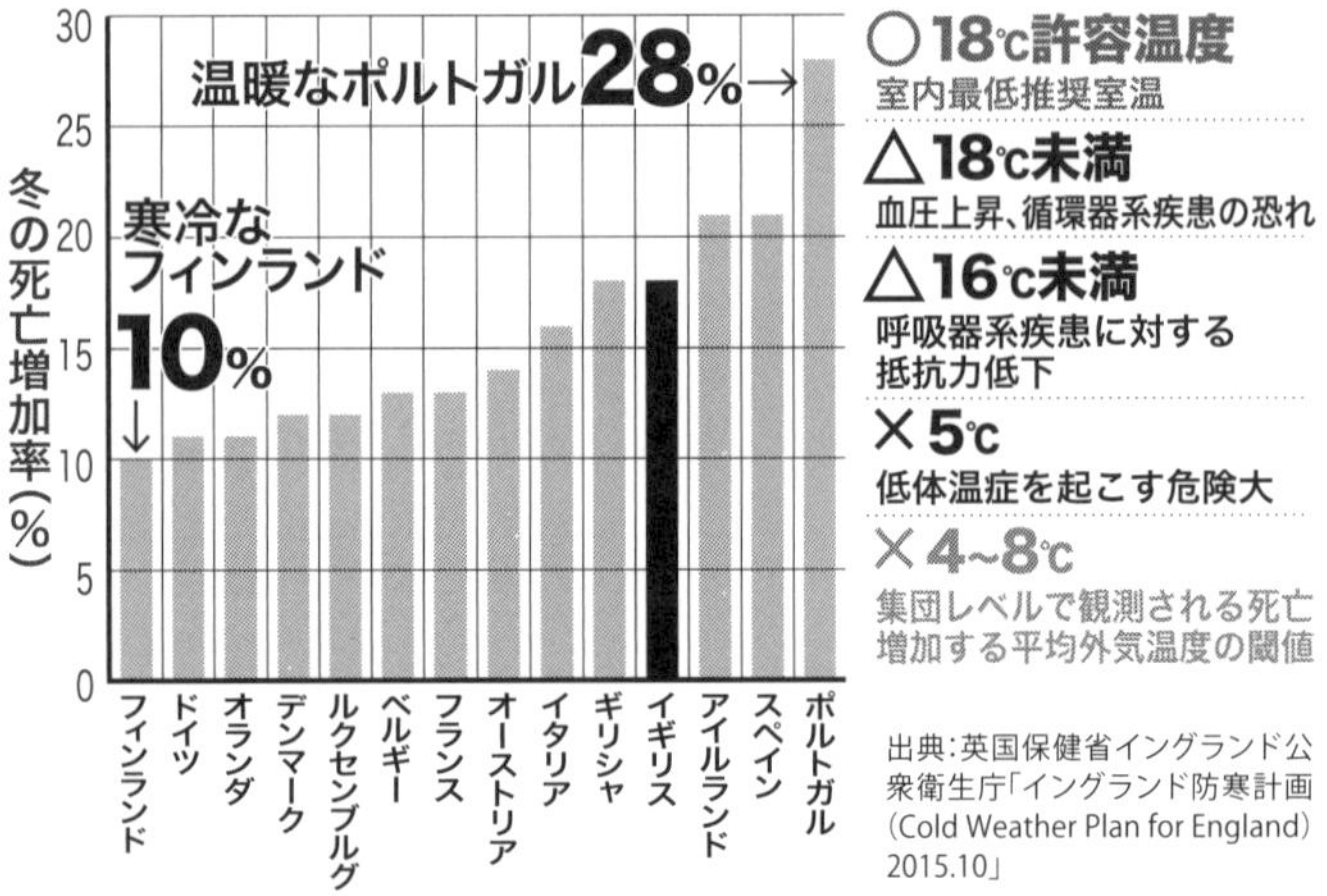

出典:英国保健省イングランド公衆衛生庁「イングランド防寒計画(Cold Weather Plan for England)2015.10」

図 3-3　欧州の温暖な国ほど冬の死亡増加率が高い

実際に、われわれの環境を見ていると冬に暖房がない室内で15℃以上を維持するのはせいぜい沖縄県など日本の南部だけであり、人口の8割以上が住んでいる首都圏、中京圏、関西圏を含めて北海道、本州、四国、九州では10℃の維持も難しい住宅が多いのが現状です。

そのため、特に暖房器具はさまざまな問題がある機器がいまだに主流で使われています。それぞれの何がどれだけ問題があるかなどについてしっかりとお伝えしたいと思います。

これまで血圧は、塩分濃度が重要とされてきましたが、これ以外に室温の差が大きな課題になっているというのは、建築者の間では一般常識になっています。

今後使わないほうがよい暖房器具

暖房器具は、日本全国でさまざまなものが使われています。代表的なものは、エアコン、電気ストーブ、ガスストーブ、石油ストーブ、石油やガスのファンヒーター、床暖房、輻射熱冷暖房などです。

それぞれ特徴があって、どの暖房器具がどんな特徴があるかを簡単にお伝えします。そして、どんな暖房器具が好ましいのかもお伝えいたします。

結論から言えば、北海道のように外気温がマイナス10℃以下になる場所以外では、エアコンの活用が一番よいと考えています。

理由は、エアコンはエネルギー効率がよいうえに空気を汚さないからです。

電気以外のストーブは、ガスや灯油を燃焼させてその燃焼したガスを部屋の中に放出しているので完全燃焼していても二酸化炭素が大量に放出されます。また、不完全燃焼によって一酸化炭素が放出される危険もあります。ですので、ガスや石油のファンヒーターではFF式といって、排気を屋外に出すタイプを強くおすすめします。

輻射熱冷暖房や床暖房は、温水を循環させるものは、エアコンに次ぐ高い熱効率です。エアコンの風が苦手な方などは、これらも選択肢に入れてもよいかもしれません。

ただし、効率はエアコンに劣る場合が多いので、消費エネルギーという観点からも、機器代という経済の範疇から冷暖房機器としては、エアコンをおすすめします。

ただし、エアコンを暖房に使う場合は吹き出し口の温度が50℃程度と比較的低いのが問題です。断熱性能が低い建物や、すきま風やコールドドラフト（寒い窓などに空気が冷やされて屋内に風が起こる）が起こるような劣悪な状況では、ガスや石油ファンヒーターや薪ストーブなどの暖房器具のほうが好まれます。なぜなら、これらの機器の温風は90℃以上になるからです。

ですが、新築の建物でエアコンだと寒いような建物は、小屋レベルの性能しかない世界的に劣悪なレベルの建物であるということになります。

室温が安定していると、血圧が下がる

イギリスの保健省の勧告でもありましたが、室温が16℃を下回ってくると血圧が上がりはじめます。

これは、体温を一定に保とうと身体が勝手に調整を行なうからです。

ですので、通年で血圧を管理していると冬のほうが夏に比べて血圧が高くなる傾向にあることは医師の間では常識となっています。

そして、血圧を135以下にしておかないと、いつかはどこかの動脈で不幸な破裂が起こるかもしれません。

実際に、慶応大学の発表では、図3－4のようにリビングルームの室温が高いと血圧が下がる傾向が見られています。

脱衣所では、さらに急上昇、さらに浴槽内

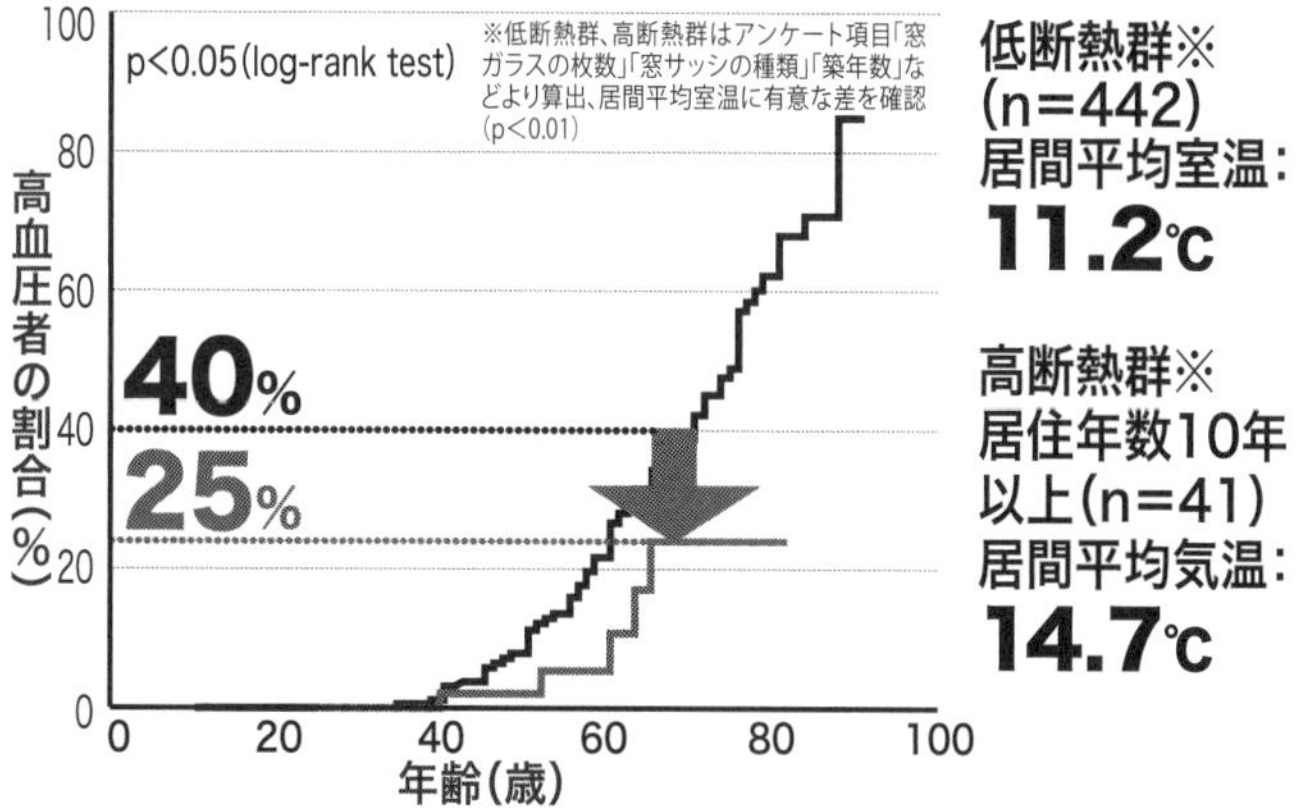

海塩渉、伊香賀俊治、大塚邦明、安藤真太朗:マルチレベルモデルに基づく室温による家庭血圧への影響—冬季の室内温熱環境が血圧に及ぼす影響の実態調査(その2)—、日本建築学会環境系論文集

図3-4　室温が上がると血圧が下がる

で急降下するので、その血圧の変動に血管が耐えられなくなるというわけです。

これが、お風呂などで老人の多くが溺死する原因になっているわけです。

これを防ぐためには、冬の建物の温度を一定にして、20〜23℃程度に保つことと脱衣所の温度を少なくとも16℃前後にすること、さらにはお風呂の浴槽は41〜42℃程度にしておいて、なるべく低めの温度にすることが必要になります。

日本でも地域によって冬の死亡率に差が

そして、実際に断熱と健康が関連していることを示すのが、76〜77ページの図3－5です。

このグラフは冬と夏の死亡率の差を示したものですが、寒い北海道、青森県では夏と冬の死亡率の差が小さく、栃木県、茨城県、山梨県の関東圏の3県では、死亡率がとても高くなっています。

これは、北海道、青森県では、建物の温度が一定で比較的高いのに対して、北関東や山梨県では、室内が寒いのではないかということが予想されるのです。

このほかに、当然ですが食事の塩分濃度も関連性があると思われます。私の経験上では、北関東の料理は比較的塩味が強い傾向にあるわけですから。

ただ、塩分が比較的強いのは、北関東圏だけでなく東北圏も同じです。それなのに東北での死亡率が比較的低いのは、食事だけではなく室温のほうが大きく影響しているのではないかといわれているのです。

風邪やインフルエンザも家が暖かいとかかりにくい

79ページの図3－6は、1960年代に米国の研究者が測定したとても古いデータですが、暖かい時期には風邪やインフルエンザの患者が少なく、寒くなると増えてくるということをうまく説明しています。

インフルエンザや風邪にかからないようにするためには、室温を高く保ち、湿度も一定以上にする工夫が不可欠です。

そのために、エアコンなどでの暖房エネルギーをなるべく小さくして、冬は外の冷気を

温暖な栃木県 25%

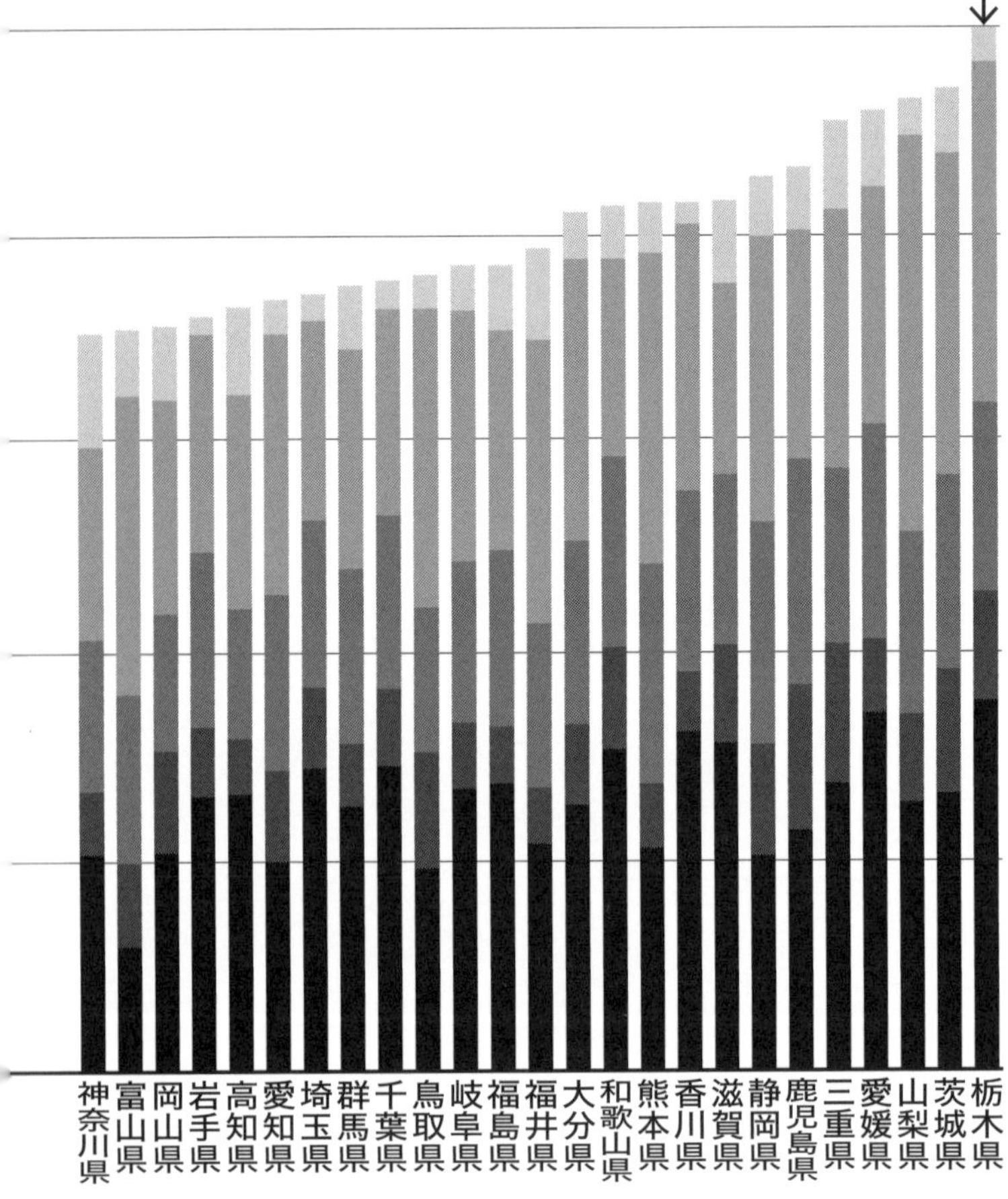

神奈川県
富山県
岡山県
岩手県
高知県
愛知県
埼玉県
群馬県
千葉県
鳥取県
岐阜県
福島県
福井県
大分県
和歌山県
熊本県
香川県
滋賀県
静岡県
鹿児島県
三重県
愛媛県
山梨県
茨城県
栃木県

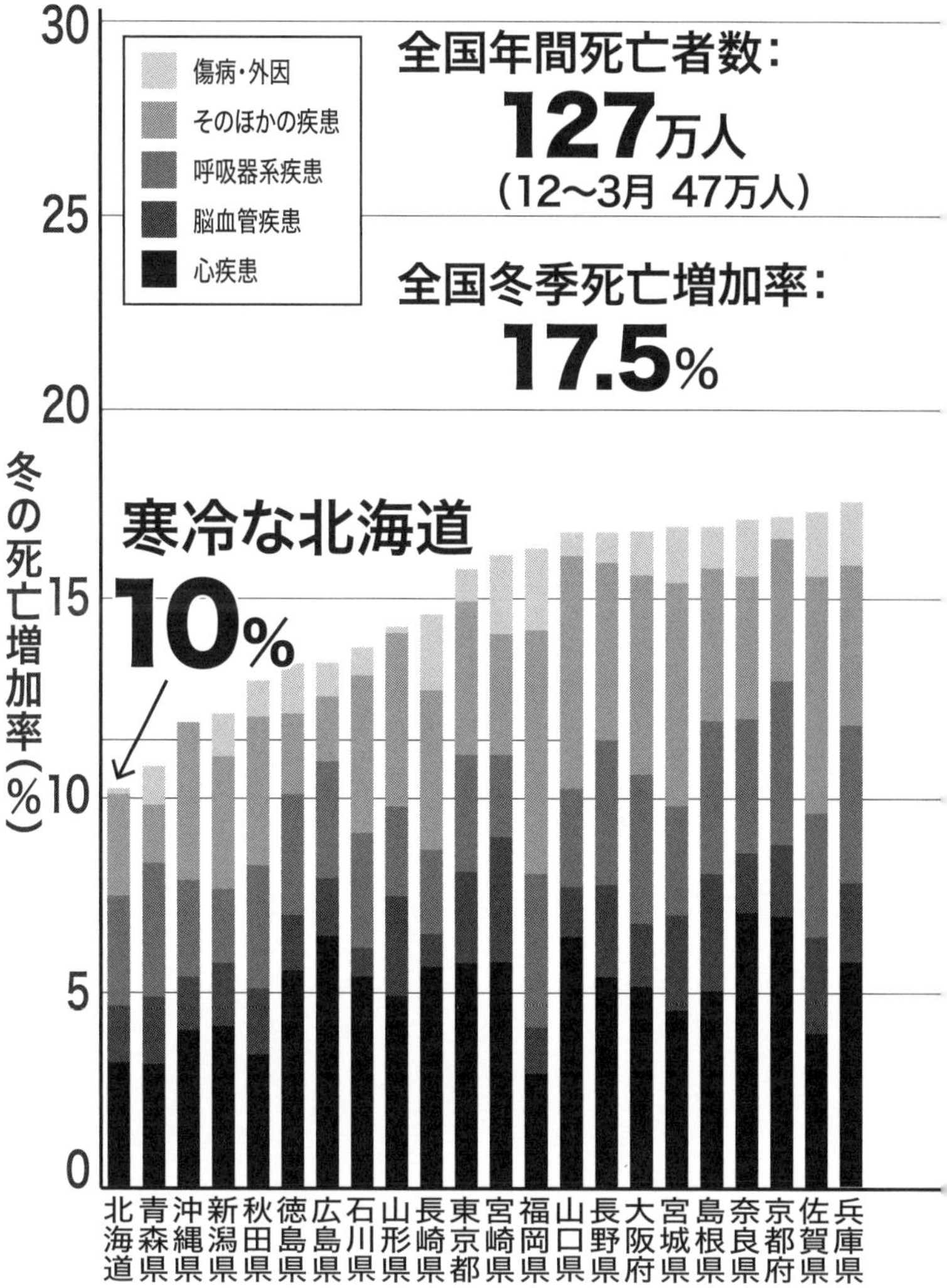

図 3-5　日本でも温暖な県で冬の死亡増加率が高い
厚生労働省：人口動態統計（2014 年）　都道府県別・死因別・月別からグラフ化

遮断しつつ、正しい断熱を行なうことが大切です。

そして、風邪やインフルエンザ対策では、湿度が50パーセント前後である必要がありますので、建物の中は加湿をする必要があります。

加湿の量は、実は建物の温度によって変わります。私たちがよく使っている湿度とは、正確には「相対湿度」と呼ばれるものです。一般的に湿度はパーセントを使いますよね。

ところが、実際には温度によって最大限に含まれる水蒸気（水分）の量が異なっています。つまり、温度が高いほうがたくさん水蒸気を含むことができて、寒い気温のときにはたくさんの水蒸気を保てないのです。具体的には温度5℃、湿度35パーセントくらいの冬の空気をそのまま暖めて、温度を20℃に上げると湿度は15パーセントを切ってしまいます。そうなると当然、屋内は乾燥するわけです。

そのために、冬に暖房をするときには加湿が不可欠になります。風邪をひきにくい温度と湿度は室温22℃に対して50パーセントくらいなので、100平米くらいの一般的な住宅の場合は、建物全体をまんべんなく加湿するとしたら、1日に5～10リットルの加湿が必要になります（図3－7）。

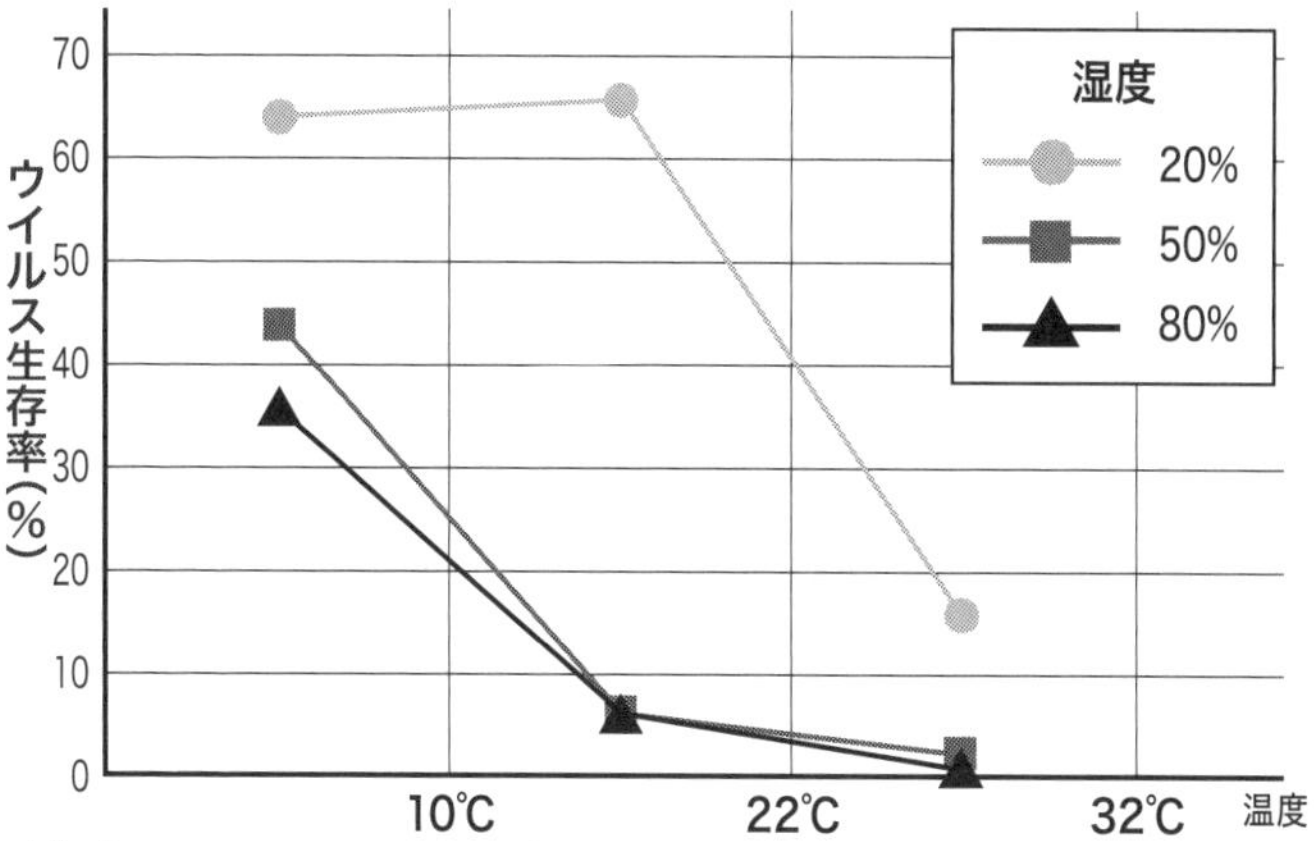

出典：「Survival tests with for viruses」（G.J.Harper）

図 3-6　インフルエンザウイルスと湿度・温度の関係（6 時間後生存率）

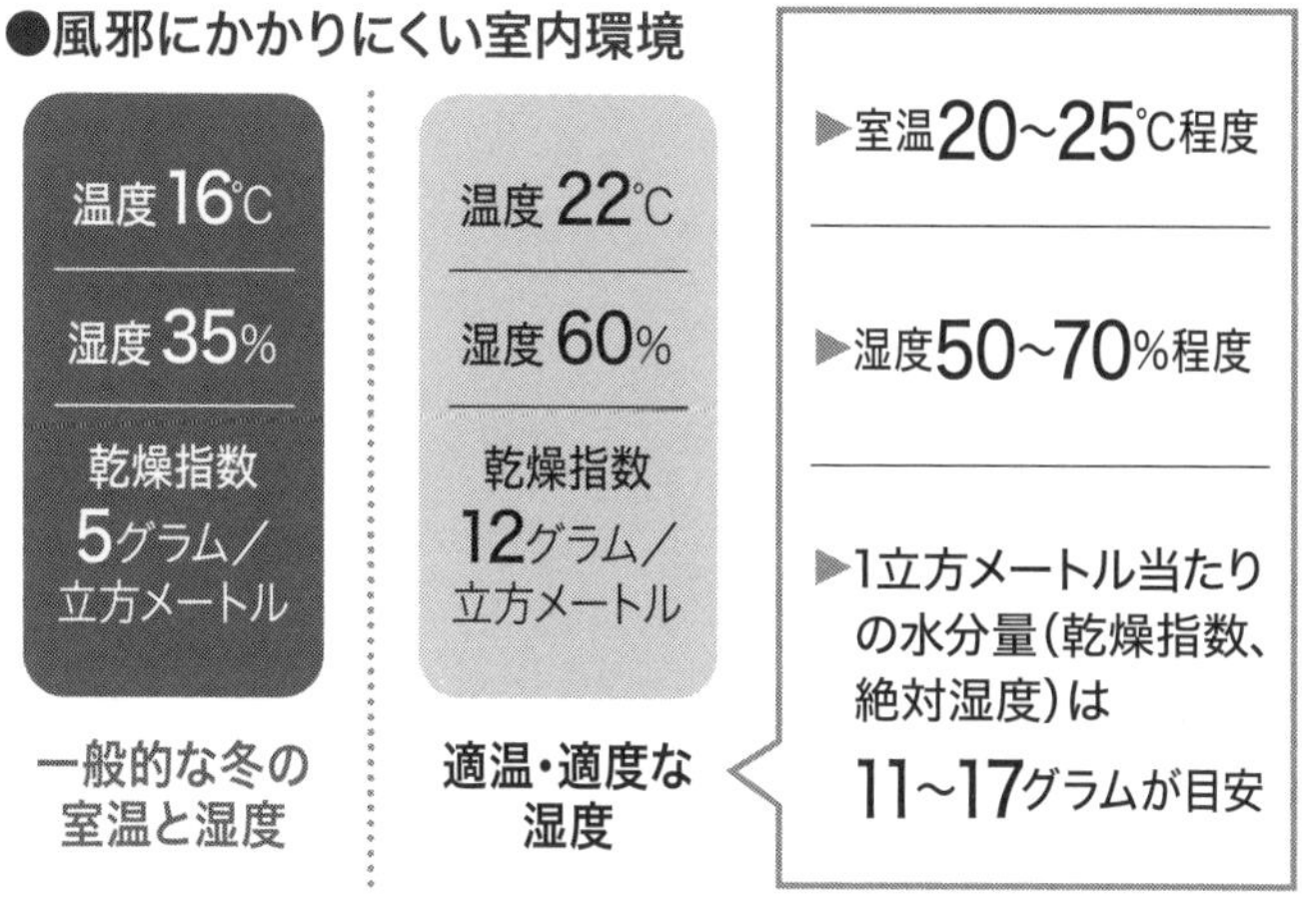

図 3-7　温度と湿度管理のコツ

コロナウイルス対策には、家庭では手洗いうがいと換気

2020年前半の話題はもちろん新型コロナウイルスです。

中国発祥ともいわれて、湖北省の武漢という都市で大流行して、それが中国国内のみならず、世界中に広がりました。イタリア、イラン、アメリカなどでは、医療崩壊といって、毎日何百人もの方が亡くなる大惨事になってしまったのは皆さんの記憶に新しいと思います。

このウイルス対策として有効だとされたのは、手洗いとうがいです。

ウイルスが自分の顔や、ドアノブなどに付着してしまい、それをさわった手を口に入れることで大きな感染が起こるとされています。

また、接触感染だけではなく、くしゃみなどの飛沫感染、また空気中を浮遊するウイルスのエアロゾルによる感染も報告されています。

このことから、換気の重要性もクローズアップされました。

特に感染の3条件として、密閉空間、密集、密接の3つの「密」が挙げられましたが、換気さえしっかりしていれば、家族はともかく、大規模な感染は防げるようです。

〈参考資料〉

長崎県ホームページ「新型コロナウイルス感染症について」(https://www.pref.nagasaki.jp/bunrui/hukushi-hoken/kansensho/corona_nagasaki/)

そのため換気はとても大切です。

このときに、熱交換を行なう換気システムを導入すれば、冷暖房で温めたり、冷やした熱を屋外に捨てることなく換気を行なうことが可能です。

そのような意味においても、新築住宅を建てる際は換気についてはしっかりプランニングすることが重要です。

健康でいることのメリット

多くの方は、健康でいたいとサプリメントを飲んだり、食べ物に気をつけて、体重をコントロールして、適度な運動をしようとがんばっていますが、ここで述べたような室温のコントロールまではなかなか常識にならないという問題点があります。

ただし、それこそ最近では多くの週刊誌などで、室温と健康の関係などの特集が組まれたり、テレビなどでも断熱性能の重要性がかなり詳しくレポートされるようになってきています。

そして、室温をしっかりコントロールさせて、食べ物に気をつけて、健康でいると、医療費があまり必要ないので、お金が貯まりやすくなります。

平成26年度の厚生労働省の統計によれば、全世代の入院確率はたった1パーセントです。60代でも8パーセント前後と非常に低いのです。


〈参考資料〉

株式会社ウェルスペントのブログ「資産形成ハンドブック」の収録記事「みんなどのくらい入院してるの？　入院する確率は1％！平均入院日数は31・9日！～厚生労働省「患者調査」（平成26年）より～」（https://shisankeisei.jp/patient-research-h26-hospital-admission-period/）

つまり、現状の不十分な住宅環境においてもとても低い割合だと言えます。これで住環境が改善されれば、日本人が入院するのは80代以降の死ぬ直前のわずかな間しかいなくなるのではないでしょうか。

もちろん、健康でいることで65歳をすぎても働こうと思えば働けますし、お金を十分に蓄えることができれば、自分の好きなことをして、長い老後を元気にすごすことができます。

現在は、90歳を超える老人は全体の10パーセント以下になっていますが、この本をお読みになっている30代の読者の方が90代になるときには、およそ3割、うまくすると5割の方が90歳まで生きておられることでしょう。

そうすると、とても長い老後の健康問題は、これまでよりもさらに重要になることでしょう。現在、30代の方が90歳になるまで、およそ50〜60年の間に、何度も住み替えができるとは思いませんので、ご自身の老後の健康問題のために、断熱性能を一定数以上に保つ必要があるのです。

では、どの程度の性能を求めたらよいのでしょうか？

狙うべきは断熱性能とは？

実は、建物の断熱性能は数値で示すことが可能です。「UA値」という値で示すことができます。U値というのは、世界でも使われていますが、これは面積当たりの逃げる熱量で示されています。

つまりその壁や、窓、屋根などから1平方メートル当たり何ワットの熱が逃げるかを数値化しています。建物全体の平均値なので「average」つまり平均の頭文字を取ってUA値と呼んでいるのです。

逃げる熱量が少なければ少ないほど、断熱では高性能ということになります。

そして、日本列島は南北に長くなっているので世界有数の豪雪地帯から亜熱帯まで気候がバリエーションに富んでいます。

国土交通省は、これを1~8までの地域区分に分けています。ただし、東京、名古屋、大阪、広島、福岡など大都市圏はほとんどが6地域です。

ただ、この書籍の著者の1人である大井建設さんのある長野県軽井沢町は2地域。横尾建設工業さんのある新潟県上越市は5地域、明工建設さんの静岡県御前崎市は7地域になります。参考の2地域から7地域までの表を次のページに載せますが、ここでは一番人口の多い6地域で断熱性能を解説します（図3－8）。

この中で国土交通省の基準は、断熱等級3と4です。これはそれぞれ「平成4年基準」「平成28年基準」と呼ばれています。

なお、4等級である平成28年基準は、「次世代省エネルギー基準」と呼ばれていました。そのため、大手分譲会社の中には、この基準を「次世代省エネ基準」とか「次世代基準」と呼んでいる会社があります。

これより上の基準は経済産業省が決めたZ

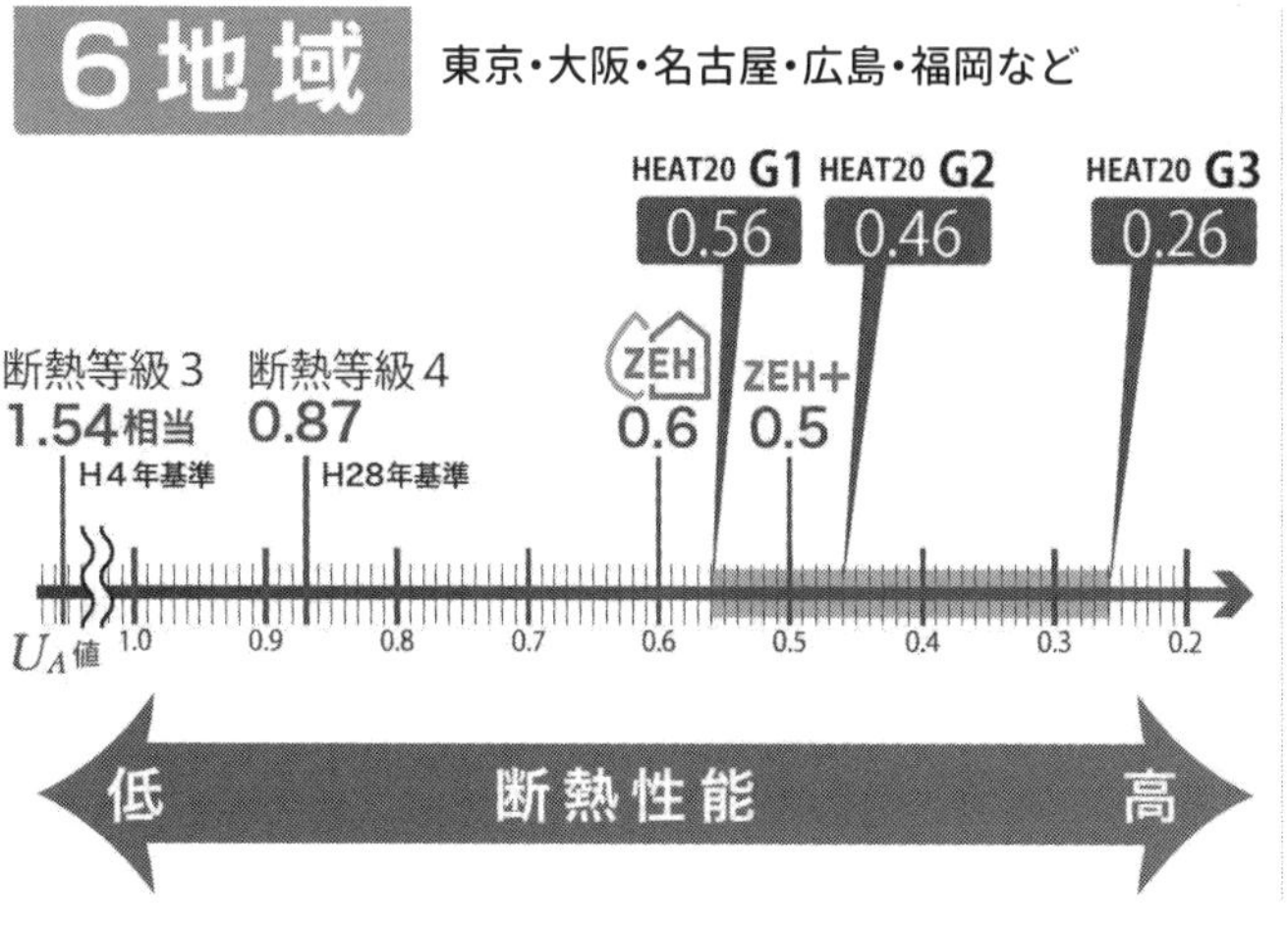

図3-8　6地域における断熱性能

EH（ゼロエネルギー住宅）が0・6となっています。さらに、0・5という値がZEH＋（ゼッチプラス）という基準です。この4つが政府基準です。

このZEH基準は、ZEH補助金を申請するためにクリアしなければいけない基準です。これをクリアして、太陽光パネルなどで発電して発電量が消費量を上回っていると認定されれば、補助金申請の権利が得られます。

2020年から新築の建物に関しては、断熱性能に関して説明が必要になっています。これらの数値はどれ1つ取っても義務基準ではなく、あくまで目標数値でしかありません。

これに対して、「HEAT20」という組織があります。建築の中でも環境、エコに関する専門家や研究者が集まってできた組織ですが、この組織が断熱のレベルに関して提言をしています。

そして、建物の性能をG1～G3の3段階に分けて提言をしているわけです。建物のコストをあまりかけずに達成すべき目標としてG1を、建物のコストと光熱費のバランスを考えてG2を、そして、目指すべき住宅としてG3を提言しました。

われわれはプロとして考えるべきは、できるだけ高性能でG1に近い住宅を供給すべきだと思っています。逆にいえば、政府基準は低すぎるとしか言えないのです。

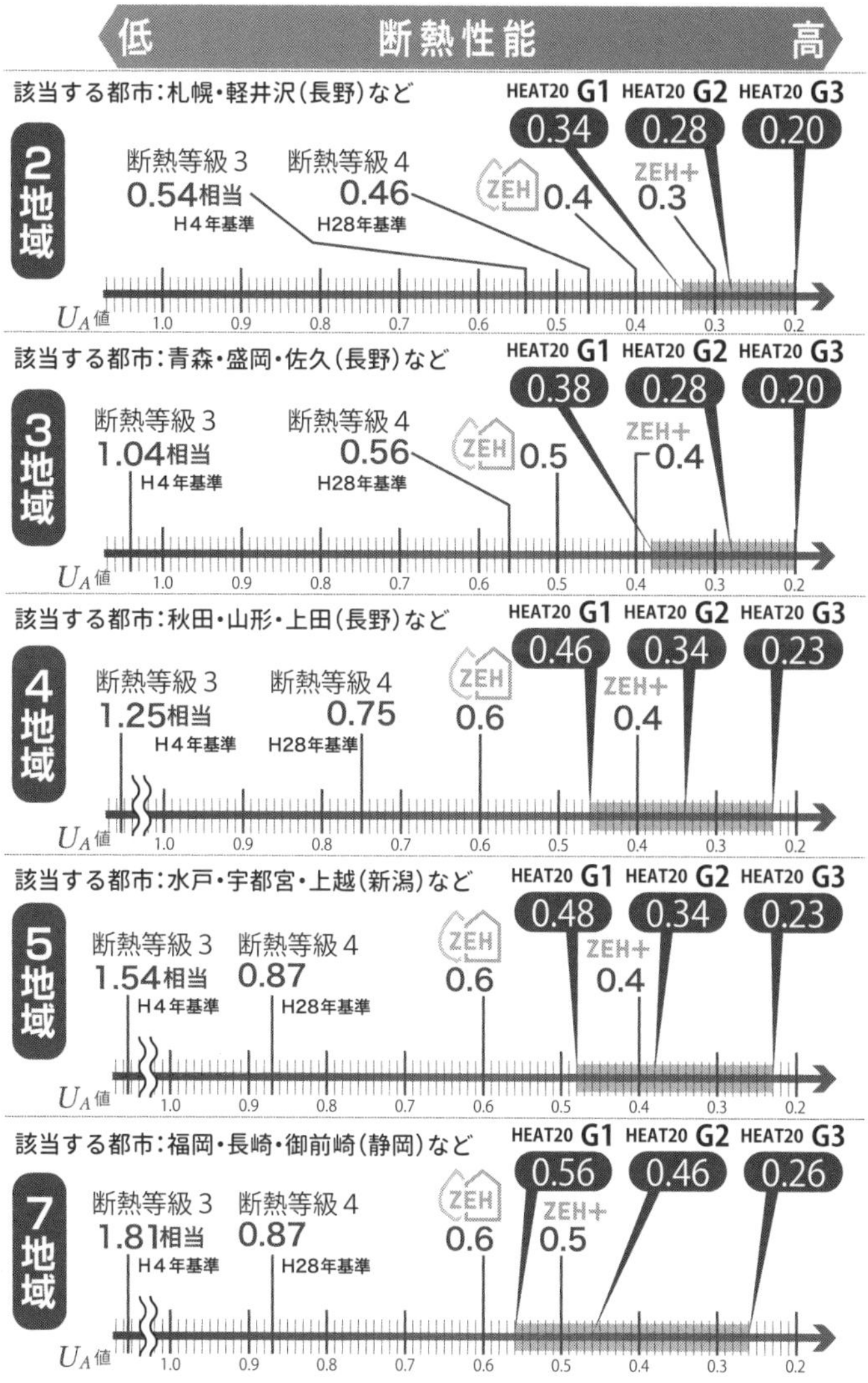

図 3-8(2)　2〜7地域における断熱性能一覧

海外の基準はどうなっているのか？

欧州の基準はいったいどうなっているのでしょうか？　欧州の場合は、日本とは考え方が異なります。

日本は建物の壁・屋根の性能を前提に考えてあります。これは専門用語で「外皮基準」といいます。窓と壁、屋根などの屋内と屋内を隔てる壁を建物の皮といっているわけです。

そして、欧州などはこの外皮基準に加えて、換気システムや日射の取得などを加えて建物全体の冷暖房負荷という考え方をもとに性能値を計算します。

これは、エアコンやそのほかの暖房器具などが「どの程度のエネルギーを使うと建物全体を冷房したり、暖房したりできるか？」という数値で比較します。

冷房や暖房に関すると、建物の断熱性能のほかに、人体による発熱、そのほかの家電からの発熱、換気システムによる損出、さらには太陽光の射し込みによるエネルギーの取り込みなどが加味されないといけません。つまり、窓の性能だけではなく、窓の面積や取り付け位置によって夏や冬の室温が大きく影響されるということになります。

「どちらがよいか？」というのは一概に言えませんが、欧州のほうが正確に建物のエコ性能が判定できます。われわれプロは、基本的にこれらのことを総合的に判断して、どんな空調を行なえばよいかをアドバイスして建物をご提案しています。

世界のエコ住宅の流れは、確実に単なる断熱性能ではなく冷暖房負荷という流れになっています。

ちなみに、これを無理矢理外皮性能だけを比べたものが図3－9の表です。いかに現在の一般住宅の性能が低いか？　ご理解いただけるのではないでしょうか。

区分	国の省エネ基準			ZEH	HEAT20		
	等級2	等級3	等級4		G1	G2	G3
備考	旧基準 (S55年)	新基準 (H4年)	次世代基準 (H11年)	2020年標準 政府推進	HEAT20(民間団体)が提示する 2020年推奨水準		
断熱性能 UA値	1.80	1.54	0.87	0.60	0.56	0.46	0.26

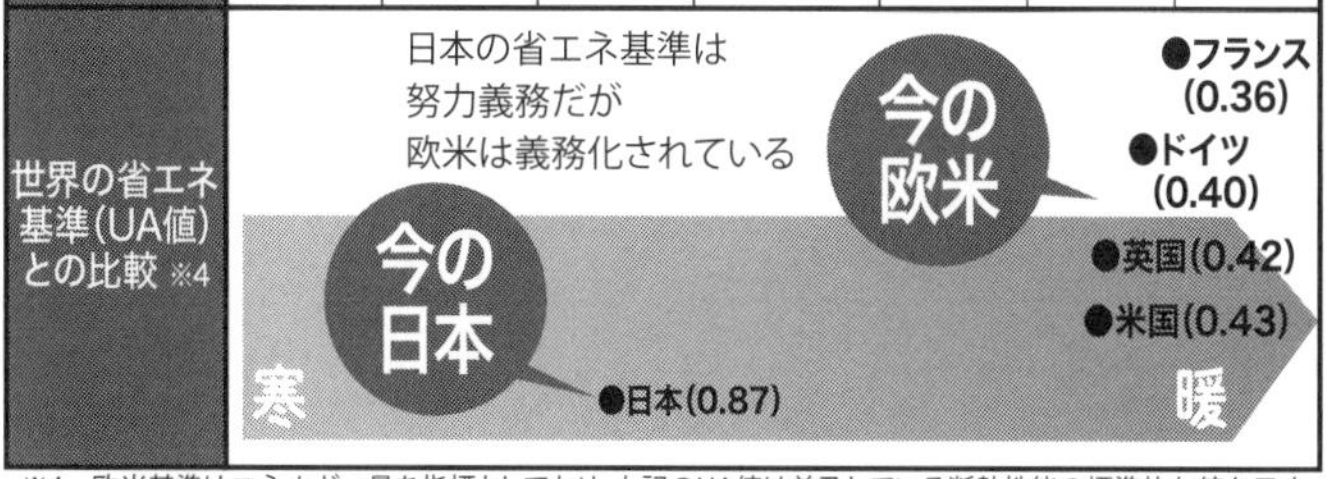

※4　欧米基準はエネルギー量を指標としており、上記のUA値は普及している断熱性能の標準的な値を示す

図 3-9　日本の家は世界から遅れている!?

冷暖房機器は何がよいか？　冷房編

では、冷暖房の器具は何がよいのかお伝えしておきましょう。

基本的にわれわれが簡単に入手できる冷房機器はエアコンしかありません。エアコンで市場全体の99パーセントを占めると思います。

このほかに輻射熱冷暖房機器があります。これは、金属製や樹脂製のパネルに冷水や温水を流して、冷房や暖房をしようというものです。風が一切吹かないということで重宝されています。実際に使っているところも拝見しましたが、夏も冬もじんわり涼しく、暖かいので快適性は高いですね、
ただし、これらの機器は水を温めたり、冷やしたりする装置がパネルとは別に必要です。これらのセットは安いものでも1部屋あたり50万~80万円必要になります。建物全体では安いものでも２００万円、高級品だと５００万円以上します。

エアコンの価格が高級機でも1台25万円前後であることを考えると、あまり経済的ではないと思います。主流になるには、価格が現在の半分以下にならないといけないのですが、

それも難しいと思いますので一部の高級住宅以外には普及しないでしょう。

エアコンに関していえば、価格とサイズで選べばよいのですが、家電量販店で選ぶ場合は、高性能住宅になればなるほど畳数表示があまり参考になりません。

6畳用エアコン、10畳用エアコンとありますが、これは昭和50年代の現在よりも著しく性能の悪い建物に対応した畳数表示です。

実際には、きちんと冷暖房負荷の数値を算出するのが一番よいのですが、UA値0・4程度の住宅で、6地域にある住宅の場合は、リビングがどんなに広くても6畳用か、8畳用があれば十分ではないでしょうか。これは暖房にも言えることです。

冷房は屋外が35℃、室温が26℃前後と10℃程度しか温度差がありませんので、冷房のほうが大きなエネルギーが必要にならないのです。

では、暖房は何がよいのか？

暖房機器も、効率を考えるとエアコンがよいでしょう。冷房と暖房で機器を変えるというのはあまりよい選択ではありません。

ただし、これは断熱性能がG1（6地域でUA値が0・56以下）程度を担保できている場合です。それ以下の性能しかない住宅の場合は、ガスや石油のファンヒーターを入れたくなります。

これは、エアコンの場合は暖房時の吹き出し温度が最大でも50℃であるのに対して、ガスや石油のファンヒーターは90℃以上あるので、本当に暖かく感じられるからです。もちろん、吹き出し温度が高いほうが素早く暖かくすることもできます。

そのため、私の経験上、古いアパートなどに住んでいる若いご夫婦などは必ずガスや灯油のファンヒーターを使っています。しかし、生火を使うタイプの暖房器具は、空気の質を考えるとあまりおすすめしません。これらの機器を動かすと二酸化炭素濃度が急上昇してしまいます。

このほかに電気を使ったヒーターやオイルヒーターがありますが、これらは使うべきでない非常に効率の低い暖房器具です。

結論から言えば、高性能住宅の場合はエアコンを選択するのが一番効率がよいです。ただし、真冬に外気温がマイナス10℃以下になる場合は、寒冷地用のエアコンを選ぶか、そうでない場合は温水を使って暖房を行なう装置を使うほうが効率的な場合があります。

また、それらをきちんと説明できる住宅会社を近くで探してください。もちろん当社にお越しいただければ詳しく数値を使ってご説明いたします。

第4章

トータル35年間のコストで考える

建物にかかる3つの費用

実際に自分の家を建てて、建物のオーナーになったあと住宅にかかる費用は、次の3つになります。

光熱費、外壁、屋根などの改修費用、冷暖房や給湯機器の交換費用です。

これ以外は、たとえばリフォーム費用などがありますが、リフォーム費用はすべての住宅でかかるわけではありません。しっかりとしたプランニングをすれば30年、40年は壁紙を変えるなどの軽微なリフォームで乗り切ることができます。

しかしながら、光熱費、外壁や屋根の改修、冷暖房機器、給湯機器の交換は絶対に発生します。

これらをできるだけ安くすることができれば、皆さんが支払う費用を大幅に下げることができるでしょう。

この章では、「光熱費を安くするためにはどうするのか?」「建物の改修費用をどうすれば安くできるか?」「機器の交換も含めて今後どんな費用がかかるのか?」をしっかりお伝えしていきます。

これらを事前に考えておかないと、あとで多額の費用がかかって「こんなはずではなかった」と後悔する場合があります。「どのくらいのメンテナンス費用がかかるのか？」が理解できれば、あらかじめそのための費用を貯めておけばよいだけです。

後半のお金について解説する章で、資金の貯め方はお伝えするので、そちらと合わせてお読みください。

毎月かかる光熱費を安くするためには？

光熱費に関して言えば、5つに分類することが可能です。日本は縦に長いので北海道や東北は暖房のエネルギー使用量が多く、九州や沖縄は比較的使用量が少ない傾向にあります。どこのデータを取るかによるのですが、北海道と東北以外はおおよそ同じ傾向にあります。

平均すると照明、家電などが25パーセント、キッチンで使うエネルギーが8パーセント前後、給湯が32パーセント、冷暖房合わせて35パーセントとなります（次ページ図4－1）。

〈参考資料〉
経済産業省「住宅・建築物のエネルギー消費性能の実態等に関する研究会（第5回）」資料（https://www.mlit.go.jp/common/001223583.pdf）

照明に関しては、白熱球の廃止、蛍光灯の国内生産中止によってＬＥＤのみが唯一の照明となっています。そして、ご存じのようにＬＥＤは現在唯一の省エネが可能な照明設備で、機器の寿命がかなり長いのも特徴です。現在の新築住宅の場合は必ずＬＥＤ照明を入れることになるので、照明に関してはかなりエコであるといえます。

そして、調理器具などもこれまでさらに大

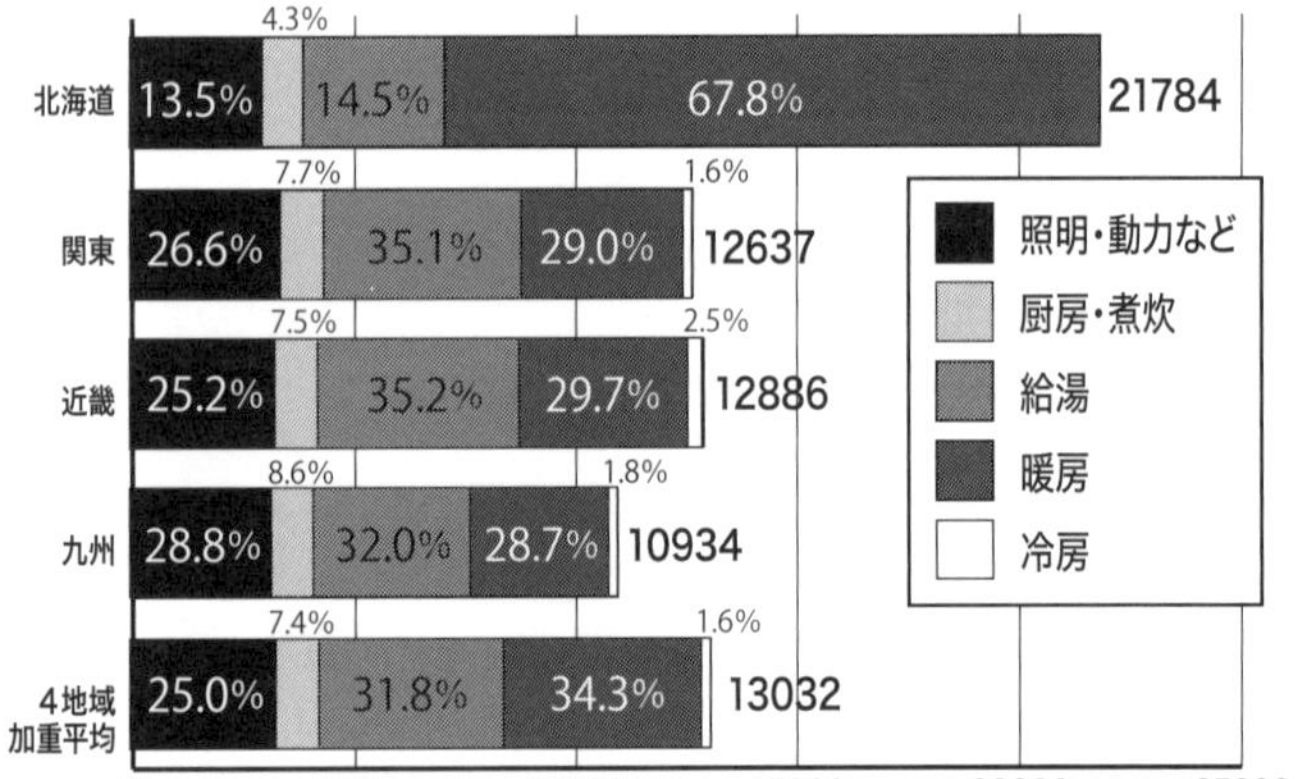

出典：一般財団法人日本エネルギー経済研究所　榊原幸雄「家庭部門のエネルギー消費実態について」(https://eneken.ieej.or.jp/data/old/pdf/enekei/katei.pdf)

図 4-1　用途別エネルギー消費原単位（戸建住宅）

幅に省エネできる機器は存在しません。

ですので、現代の住宅において省エネができる要素は、冷暖房費と給湯しかないのです。

電気機器の省エネは、APF（COP）で比較

省エネを比較する前提として、「APF」とか「COP」という値があります。これは、エアコン、給湯器などの機器に付いています。

数値が大きければ大きいほど高性能ということになります。

たとえば、エアコンを購入する場合は、APFの数値が大きな高性能の機器を選ぶと、消費エネルギー当たりの冷暖房効率が上がります。もちろん、APFの値が大きな製品は高額ですが、将来的に省エネであるともいえます。

エアコンの場合は、APFの数値は廉価版の場合は、3・0～4・5前後で、高級品の場合は、5・0～8・0前後であることが多いです。実際の商品でデータを見てみましょう（次ページのカタログ参照）。

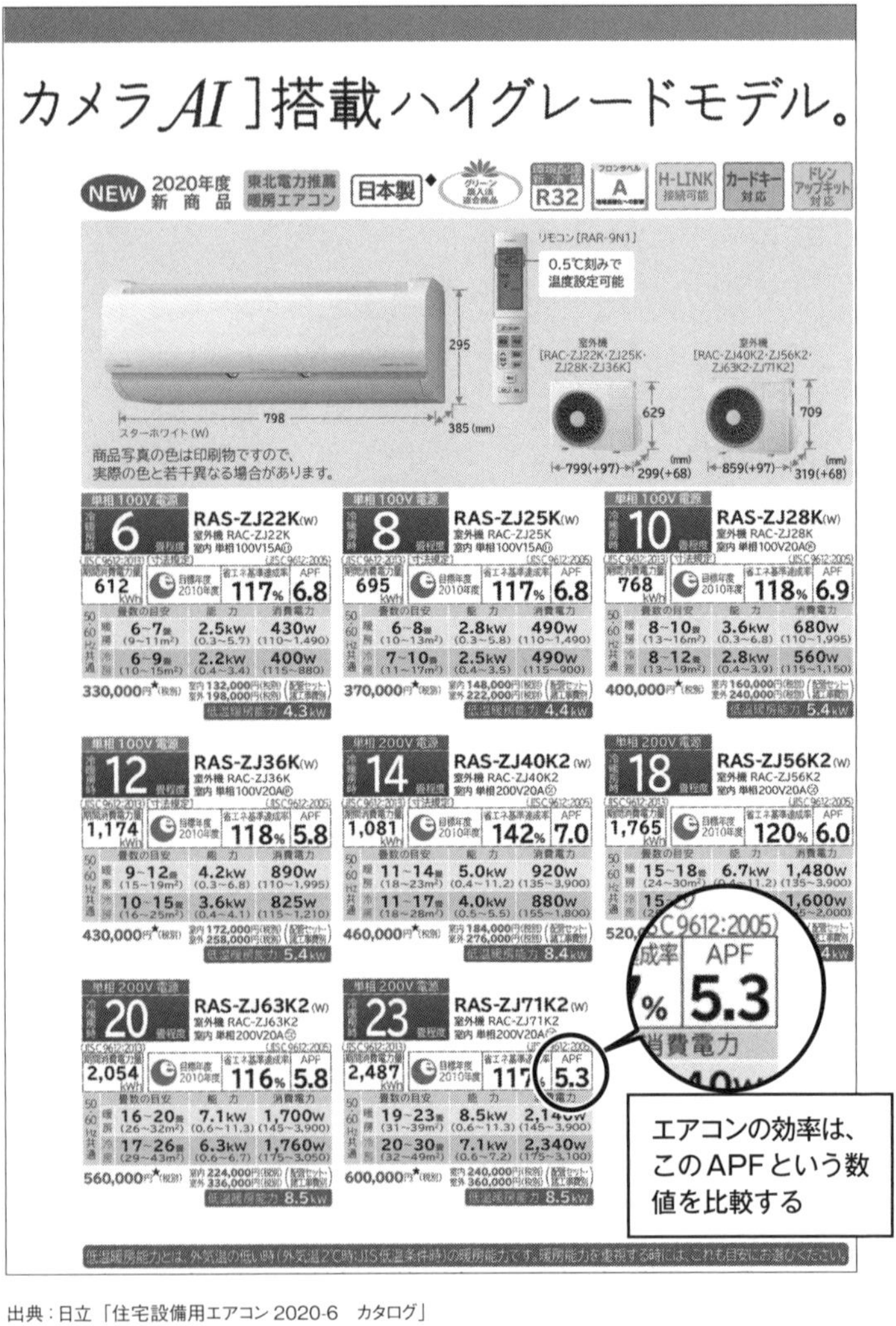

出典：日立「住宅設備用エアコン 2020-6　カタログ」

給湯器のほうはAPFではなく「年間給湯保温効率」という値が使えます（次ページのカタログ参照）。オール電化住宅の場合は「エコキュート」という機器が一番効率が高いのですが、給湯器全体でいえば、ガス・電気ハイブリッド給湯器のほうがより効率が高くなっています。実際には、このあたりでオール電化にするべきか、ガス電気併用住宅にするべきかが分かれるところです。

これは、都市ガスエリアか、それともプロパンエリアかによりますが、一般的に都市ガスは1立方米当たり150円前後プラス基本料金、プロパンガスは基本料金に加えて1立方米当たり400円以上と高額になりがちです。ただし、最近はプロパンガスも1立方米当たり300〜330円という比較的低価格の供給者が出て来て、競争が激しくなってきているので、検討の余地があるかなとも思います。

なお、プロパンガスは都市ガスの2・2倍くらいの熱量があるので、都市ガスが150円だとすると330円でほぼ同じ価格ということになります。

また、プロパンガスの場合はガス管が建物内にしかないので、地震や大規模水害などの広範囲の災害に比較的強いというメリットもあります。

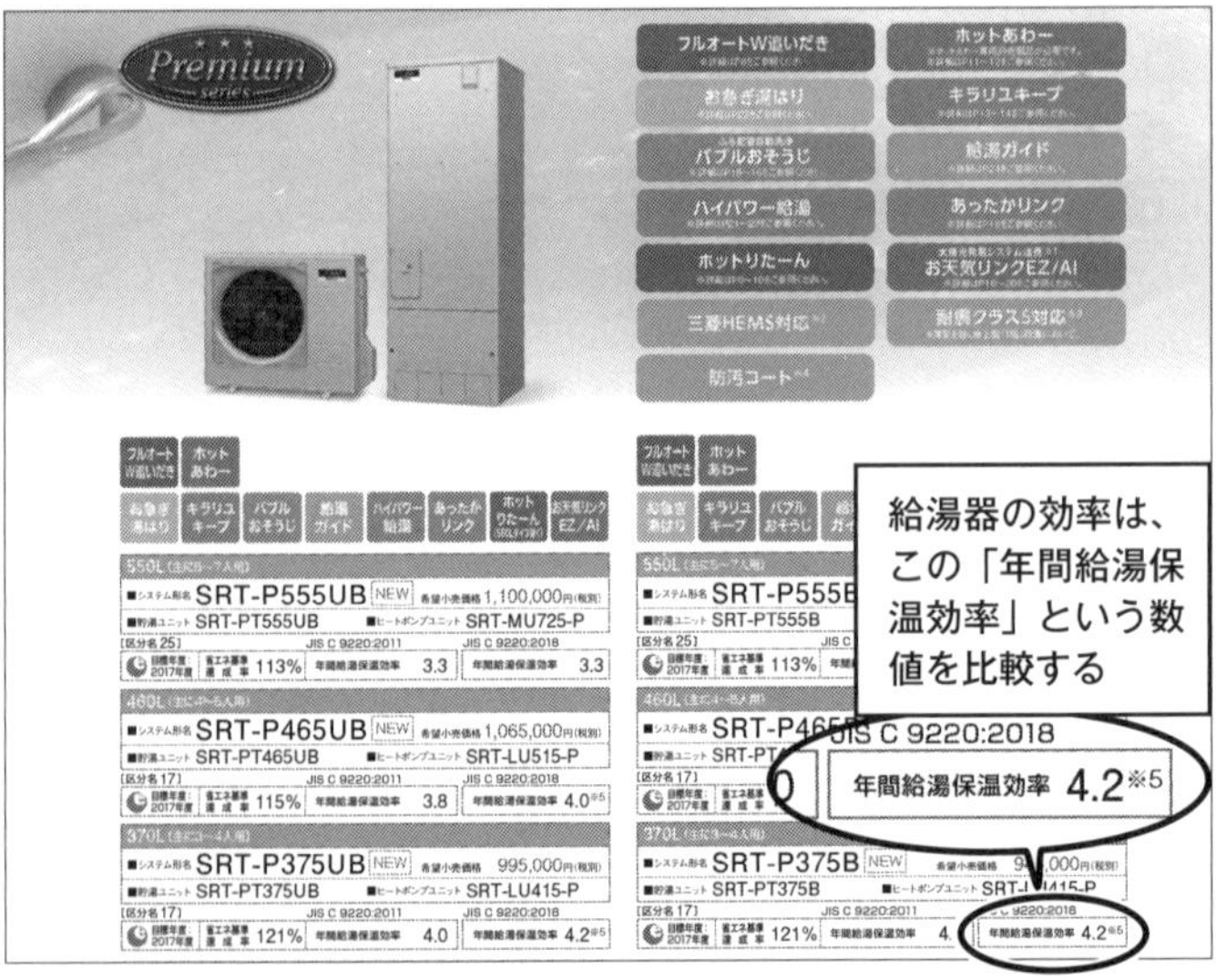

出典：三菱電機「【エコキュート】総合カタログ 2020 年 7 月版」

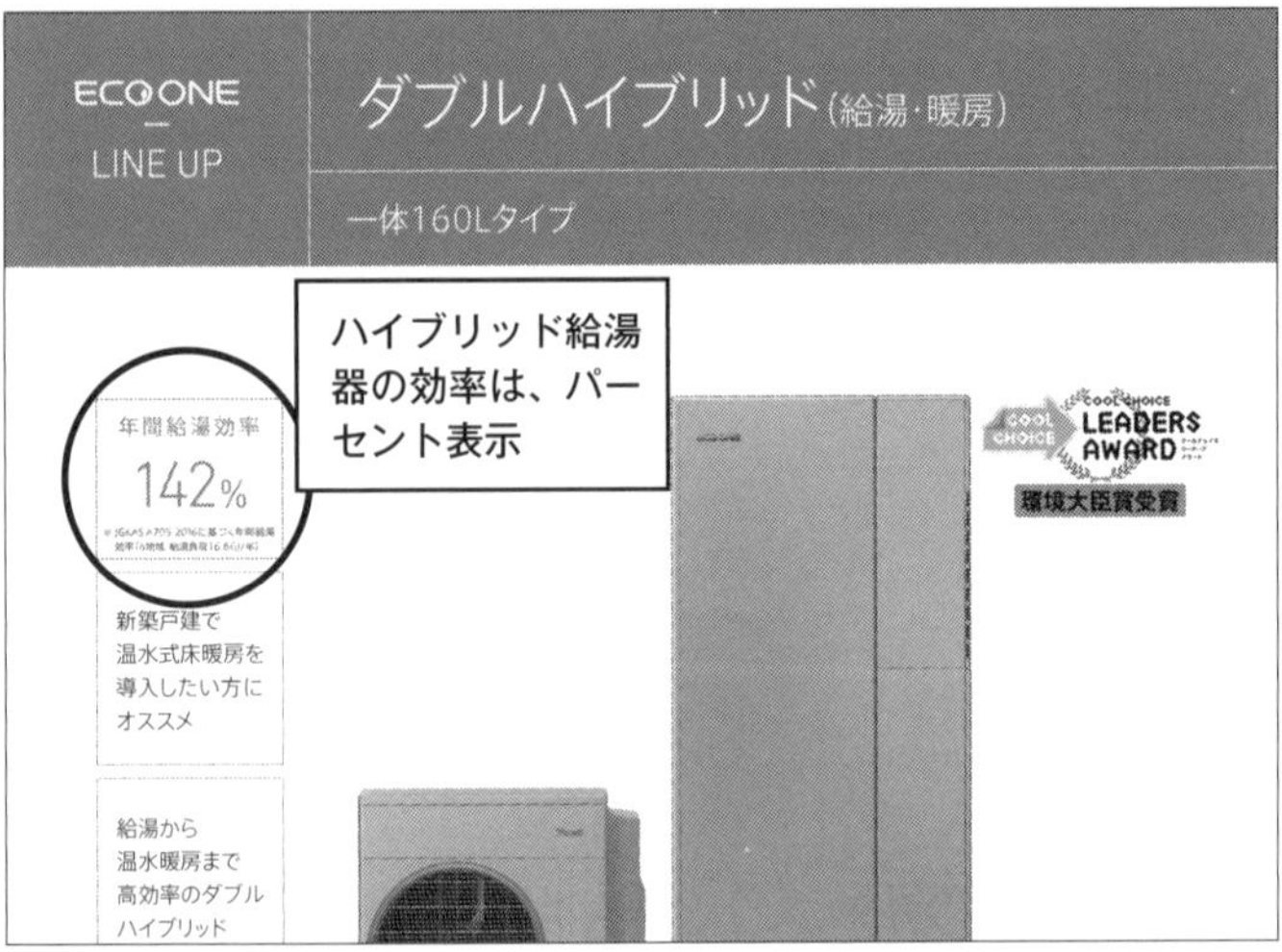

出典：リンナイ「ハイブリッド給湯・暖房システムカタログ」

冷暖房費の低減には、断熱と太陽の恵み

「パッシブハウス」という考え方があります。パッシブというのは英語では受動的という意味です。なお、この反対語はアクティブです。

パッシブハウスというのは、生活廃熱や自然エネルギーを上手に使って冷暖房することを指します。

その冷暖房費の低減には、2つの要素が重要です。それは建物の断熱性能と太陽光の建物内部への影響です。

それぞれについて見ていきたいと思います。

まずは、断熱性能ですが、断熱性能が高ければ高いほうが熱のエネルギーが外に逃げていきません。冷房はより涼しく、暖房はより暖かさを長く維持してくれます。ただし、当然ですが性能を高くすると建物の価格が高くなってしまいます。

そのため、断熱性能と建物の価格のバランスがとても大切です。

断熱性能に関しては、現在日本の住宅は「UA値」という値で表しています。数字が小

さければ、小さいほど建物から逃げるエルギーが小さくなります。

たとえば、東京でZEH住宅にするためには、UA値0・6を下回る数値にする必要があります。HEAT20という団体が、主張するG1グレードを新潟県上越市で達成するためには、UA値が0・48、長野県軽井沢町では0・34、静岡県御前崎市では、0・56になります。


当然ですが、UA値の数値を小さくしていけばいくほど、冷暖房費は下がっていきます。代わりに建築費もそれにつれて上がっていきますので、どの程度の住宅を建てるかは、事前にしっかり検討する必要があります。

筆者としては、皆さんには、可能な限りHEAT20が要望するG1グレードかそれに近い高性能な家を建てていただきたいと考えています。

ただし、冷暖房費は建物の断熱性能だけでは決まりません。太陽からのエネルギーが建物の冷暖房費に非常に大きな影響を与えることがわかっています。

冬の太陽高度は夏に比べて低くなりますから、南に面している窓から多くの太陽光が入って来ます、冬はこれをしっかり取り入れて、床などをしっかり温めることが暖房費をなるべく抑えることにつながります。

東京大学のサステイナブルデザイン研究室の前真之准教授の著者『エコハウスのウソ増補改訂版』(日経BP、2015年)によると、およそ1・8メートル角の掃き出しという、マンションなどのベランダに出入りするような大型の窓の場合は1時間あたり600ワットを超えるエネルギーが入ってくるそうです。

600ワットのエネルギーというのは、電気ヒーターの強にした場合とほぼ同じエネルギーになります。つまり、冬はカーテンをあけて、太陽からの熱のエネルギーを建物の奥まで取り込む工夫をすると良いでしょう。

そうすることで、床に当たった熱エネルギーが建物全体を暖めることになります。もちろん、夜になると暖房が必要になりますが、昼間の暖房費は大幅に節約できることになります。

逆に、夏は太陽の高さがより高くなりますので、冬の太陽より少し小さいエネルギーですが、1日の太陽が出ている時間が長いので、とても大きなエネルギーが建物に降り注がれることになります。

そのため、できれば建物の外側で太陽光を遮《さえぎ》る工夫をする必要があります。カーテンなどで遮っても、窓からいったん屋内に入った熱はなかなか外に出て行きません。そのため、夏の太陽から熱エネルギーは建物に入る前に遮ったほうが冷房費を節約できるのです。

昔の人が、葭簀《よしず》やすだれを使っていたのは、本当に合理的だったということです。現在もこれらの夏対策グッズは有効です。欧州の場合は、窓の外側に取り付けるブラインドを使って、熱エネルギーを遮る工夫をしている建物もあります。

日本の場合は、サッシメーカーが「シェード」という樹脂製のすだれのようなものを売っていますので、南面だけでもこれを取り付けるとよいでしょう。

実際の電気代の差額はどのくらいか？

結論からお伝えすると、断熱＋太陽のエネルギーのコントロールで、地域にもよりますが年間の冷暖房費は５万円以上違う場合があることがわかっています。

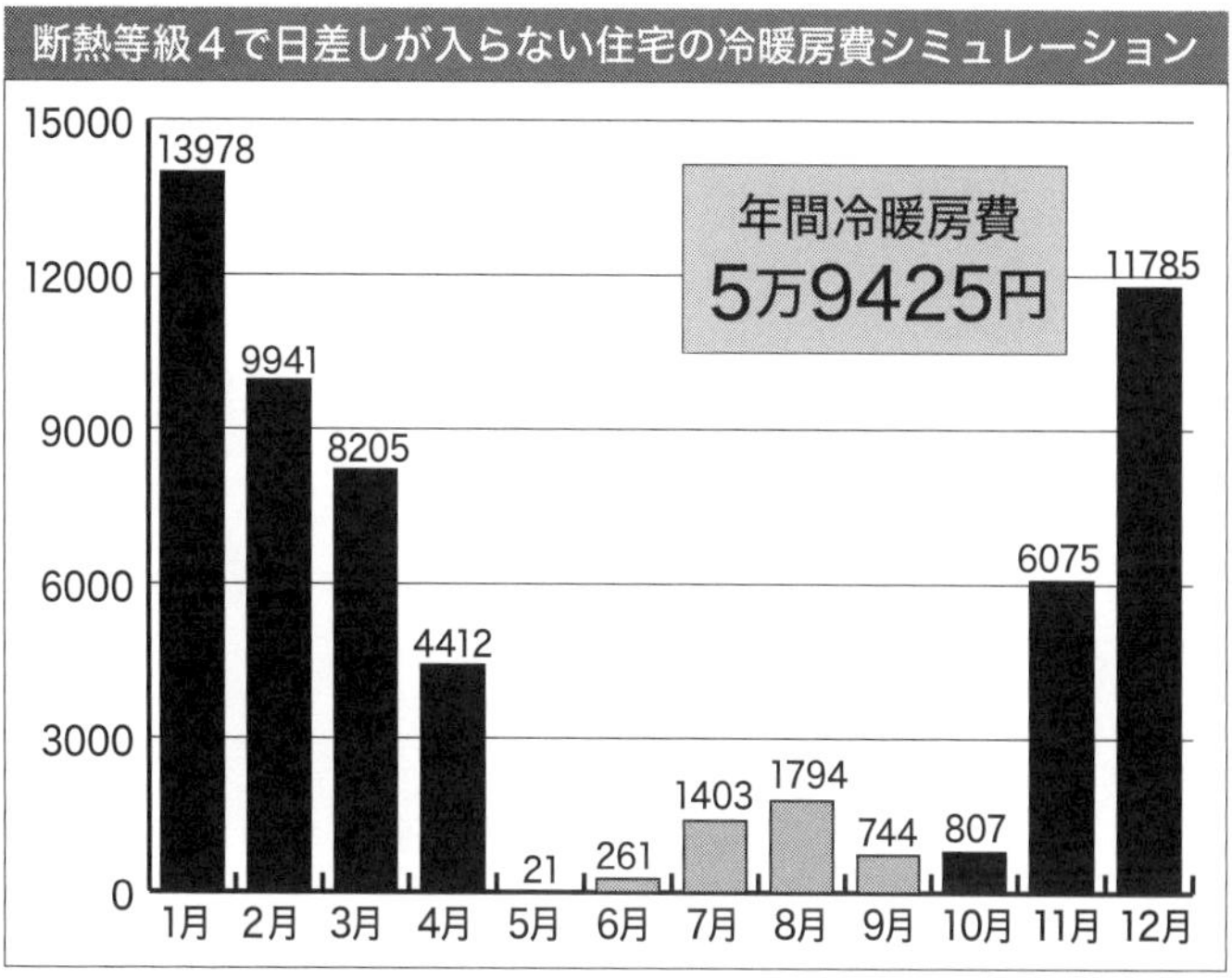
断熱等級４で日差しが入らない住宅の冷暖房費シミュレーション
15000
12000
9000
6000
3000
0
13978
9941
8205
4412
21
261
1403
1794
744
807
6075
11785
1月 2月 3月 4月 5月 6月 7月 8月 9月 10月 11月 12月
年間冷暖房費
5万9425円

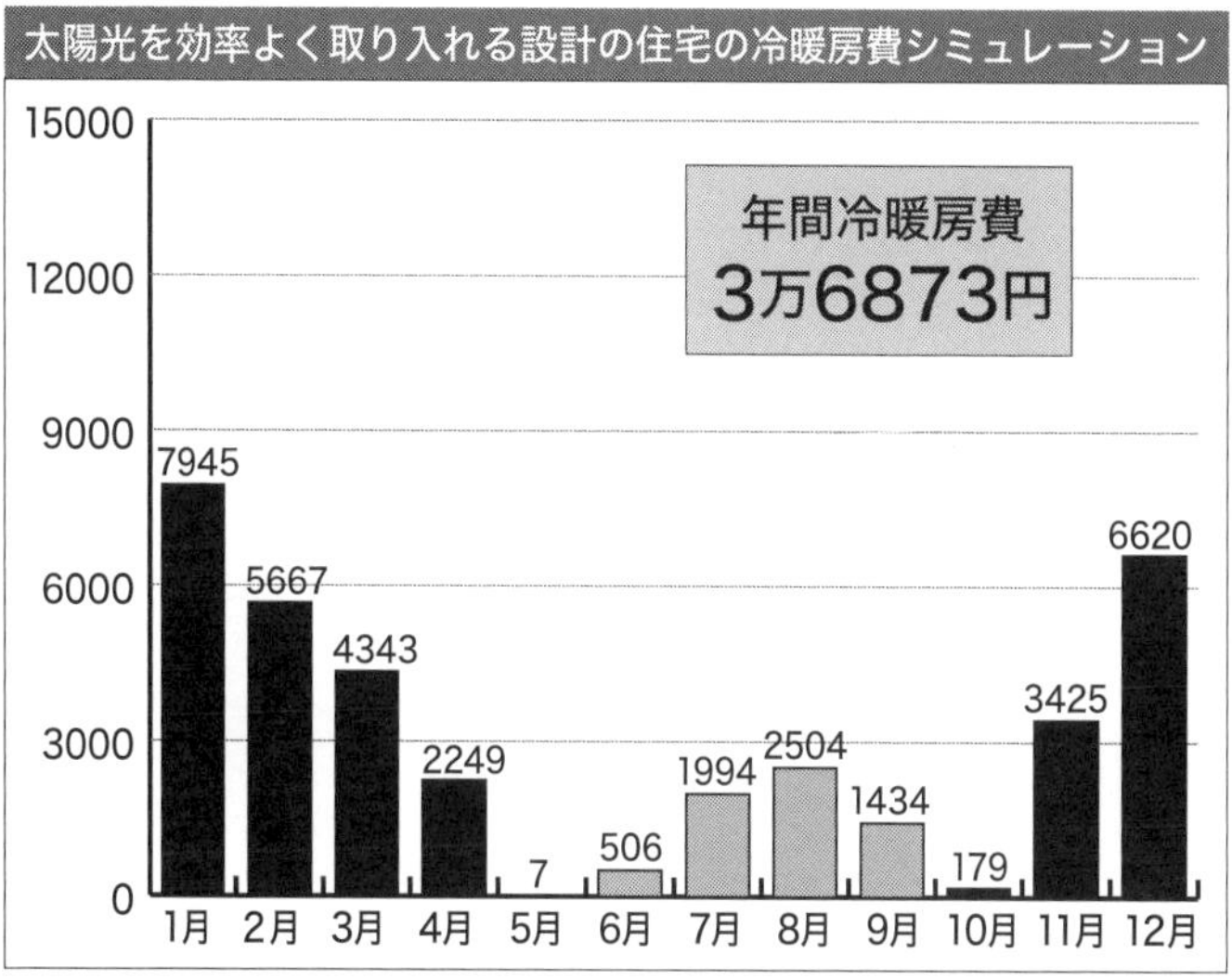
太陽光を効率よく取り入れる設計の住宅の冷暖房費シミュレーション
15000
12000
9000
6000
3000
0
7945
5667
4343
2249
7
506
1994
2504
1434
179
3425
6620
1月 2月 3月 4月 5月 6月 7月 8月 9月 10月 11月 12月
年間冷暖房費
3万6873円

これはあくまでシミュレーションですが、6地域（東京、大阪、名古屋、福岡など日本のほとんどの地域）において、UA値が0・87程度で冬の太陽から熱の取得がまったく考えられていない建物とUA値が0・4程度で冬は太陽光をしっかりと取り入れ、夏はそれを防いだ建物の年間の冷暖房費の差は年間約2万2000円ということになっています。

これは、あくまで図に示した通りのシミュレーションですので、実際の住宅は、方位、大きさ、近隣の建物からの影響など考慮すべき点はたくさんあります。

暖房費も冷房費も、基本的には断熱がベースラインなのですが、太陽光のコントロールなしでは不十分です。

断熱だけよくして、太陽を一切取り入れないとすると、暖房費は1・5倍になる場合もあります。もちろん、冷房は太陽を取り入れないほうがよく効きますけれども、冷房の電気代は、暖房の3分の1以下しかないので、冷房費を考えるよりは、暖房費を気にした住宅のほうがより重要になります。

つまり、断熱の性能と冬の太陽光の取り込みをしっかりプランニングしてくれる会社を選ばないといけません。

しかしながら、1年間の季節リズムを、しっかり理解してお客さまに説明できる住宅会社はあまり多くないのが現状です。

なるべくホームページなどで、パッシブハウスや太陽からのエネルギーについてしっかりと伝えている会社を選ぶようにしてください。

実際に大手でもここまで考えている会社は皆無といってよいほどです。

また、これから電気代は徐々に上がっていく可能性がありますので、この差が広がる可能性があります。

このほかのコスト差の要因

給湯と冷暖房を合わせて、建物が使うエネルギーの7割以上になります。エネルギーコストの削減は、なるべく大きなものから節約していくことが重要です。

ですので、この2つだけで十分と言えば十分ですが、そのほかのエネルギーに関して考えてみたいと思います。

それは、調理、照明と家電です。

調理に関しては、ガスコンロかIHクッキングヒーターですが、これらは使用時間が短いので、どちらでも大きな差はありません。

家庭での調理時間は煮物ばかりのご家庭でも1時間を超えることはあまりないでしょう。

また、家電ですが、多くの家電は待機電力がほとんどかからないものになってきています。テレビが大型化してエネルギーは大きくなっていますが、引退後の老人でもない限り1日に5時間も6時間もテレビがついている家庭はまれです。

照明も同様で、白熱球も蛍光灯もほぼ新築ではなくなりましたので、今後はつけている時間をいかに短くするかだけが、省エネということになります。

また、これ以外に、断熱性能をどんどん上げていくと、換気システムの消費エネルギーと熱交換によるエネルギー回収が重要になってきます。

換気は健康維持のためにとても大切なのですが、せっかくエアコンなどで温めたり、涼しくしたのに、その空気をそのまま捨ててしまってはもったいないことです。

ＨＥＡＴ20のＧ２以上の高性能な家を建てれば建てるほど、できれば熱交換型の換気システムの導入をご検討ください。当然ですが、熱交換型の換気システムは、安いものでも50万円程度、高い商品だと３００万円もするものがあります。

この熱交換型の換気システムは、高ければいいもので、安いとよくないものということはありません。選ぶ場合は、建築会社から説明を受けていただきたいのですが、基本的には、熱交換効率とメンテナンス性で選んでください。どんなに性能がよくても、機械ですので放置していては性能が発揮できなくなります。

これらを投入することでさらに冷暖房費を引き下げて、光熱費を下げることが可能になります。

節約だけではなく、積極的に発電を考える

エネルギーに関して言えば、これまでは節約という観点で考えてきましたが、最後に発電を考えてみたいと思います。

つまり、太陽光パネルの搭載を真剣に考えていただきたいのです。

現在、ご存じのように発電エネルギーの買い取り価格は、以前に比べて大きな金額ではなくなりました。令和2年の10キロワット未満の売電価格は1kwh当たり21円と、この制度が始まってから半減しています。また、10キロワット以上の場合は13円と、一見するとあまりうまみがない設定になっています。

しかしながら、21円という価格は現状の太陽光パネルの価格からすれば十分にペイができる金額になっています。また、10キロワット以上のパネルを設置して、たとえ13円になってしまったとしてもメリットがあるのです。

それに加えて、電気代金の高騰があります。

原子力発電所の停止の影響を受けて原油価格が高騰して発電コストが徐々に上がってきていましたが、コロナウィルス問題が浮上したせいで、原油価格は歴史的な低水準に落ち着いています。しかし、これも一時の可能性があります。

その原因は、2つの要因があるのです。

1つは電力自由化と発送電分離という政府の電力政策です。これによって大手電力会社は発電と送電を分離することができました。大手電力会社にとって一番負担が重いのは、実は送電なのです。日本の1・3億人にまんべんなく電気を供給しつづけるというのは思いのほか大変なのです。

これが、今後地域によっての送電価格の差になってくると考えられています。

つまり、多くの人が住んでいる地域は安く、発電所からも遠い田舎の過疎地域の送電価格の上昇が起こるようになってくる可能性が高いです。

もう1つが、これに関連してくるのが少子化です。少子化によって、ほとんど人が住んでいない地域に供給しつづけることのコストが大きくなってきており、将来的にはあまりに過疎が激しいエリアには電力会社が送電を断るといった事態が予想されます。

こうなったら電気代が地方であればあるほど急上昇しかねません。

これらに対応するためにも、太陽光パネルの取り付けが今後の住宅に不可欠であると考えています。

外壁、屋根などの改修費低減

次に大きいのは、必ず発生する外壁や屋根などの改修費の低減です。

これはケースバイケースなのですが、説明させてください。

当然ですが、雪が降るエリア、降らないエリア、海に近いエリア、山奥などによってコストが大きく異なります。

その改修費のコストというのは、人件費と材料費の合計になります。

人が多いエリアは業者も多く競争も激しいですので、比較的価格が安くなります。ただし、どの業界も人手不足なので以前に比べて人件費は徐々に値上がりしています。

もちろん価格は、適正な価格もあれば、一部の訪問販売会社はわれわれの価格の数倍の価格で外壁などの塗装を請け負うこともあります。

必ず適正な価格で発注するようにしましょう。信頼できる会社に依頼できない場合は、数社から見積もりを取って比べることが重要です。

ただし、この業界は安いからよいというわけではありません。工事の質が悪いとせっかく100万円以上かけて塗装しても、再塗装などということもあり得るので、信頼できる会社にしっかりと見積もってもらってください。

なお、建物の形状や材料などによって、外壁や屋根の補修費用は変わってきます。一番安いのは、「総二階」といって1階と2階の面積が同じ建物です。この場合は屋根の面積が最小になりますし。建物の表面積も比較的小さくなります。いくらデザインがよいからといって建物の形状が凸凹していると、外壁面積は増えますし、冷暖房のエネルギー効率も悪くなります。

また、今流行の平屋の場合は、どうしても屋根の面積が増えてしまうので、注意が必要です。

材料に関しては、外壁で主流なのは、塗り壁、セラミックスのサイディング、金属サイディングの3つです。メンテナンスコストはいずれも大きくは変わりませんが、金属サイディングが比較的メンテナンスコストが安いといわれています。ただし、デザイン上の制約もありますので、コストだけで選ぶのがよいかどうかは、ご家族でよく話し合って、住宅会社にも意見を聞いて決定してください。

また、屋根の材料は主に瓦と金属屋根の2種類です。耐久性でいえば圧倒的に瓦なのですが、地震に対しては金属屋根のほうが軽いので有利です。また、太陽光パネルを取り付ける場合は、瓦はあまりおすすめしません。

これも、建ててくれる住宅会社にしっかり聞いて決めて下さい。

機器の交換費用

電気製品に関しては必ず壊れるので、毎日使うものであれば必ず交換費用を考えておかないといけません。

これまで記載してきた電気機器はこのようなものがあります。

冷暖房器具　エアコン、輻射熱冷暖房器具
給湯機器　エコキュート、ハイブリット給湯器
発電装置　太陽光パネル用パワーコンディショナー

エアコンと輻射熱冷暖房器具の温調ユニットは、必ず10～15年に1度は交換が必要です。エコキュート、ハイブリット給湯器なども10～20年に1度は交換が必要です。パワーコンディショナーも同じような期間で交換が必ず必要です。太陽光パネルに関しては、発電量さえ極端に落ちなければ30年以上使いつづけてもかまいません。しかし、いつかは載せ替えが必要になるでしょう。もっとも、30年後にはもっと効率がよいパネルになっているでしょうし、サイズもすべて違うものになっているかもしれません。

これらは100パーセント、家よりも短い寿命で壊れて使えなくなってしまいます。

そして、特殊な機器を導入すると、のちのち交換費用が高くなってしまいます。

たとえば、ダイキンという企業が「アメニティエアコン」という天井裏に入れるタイプのエアコンを販売していますが、ダイキン1社しか作っていませんし、生産を中止されたら、代替機がなくなってしまいます。

よく住宅会社が自社オリジナル商品を販売していますが、「壊れたときにどうする？」ということを考えずに販売している会社があるので、必ず故障したら誰が修理して、誰が交換するかを確認しないと、交換費用が予想外に高くなったり、手に入らない部品だったりするとメンテナンスがとても大変です。

そのような意味でも冷暖房は壁掛けエアコン、給湯はエコキュートが一番売れているので故障しても安心していられますし、交換するにしても費用はそれほど高くありません。といっても、エアコンは10万~20万円程度でしょうが、エコキュートは交換するとなると最低でも50万円はかかると思われるので、資金の準備は必要です。

どんな家を建てたらいいの？　具体的に見てみよう

今回は著者3人の会社の住宅を参考に、実際の建物はどんな仕様で建てればよいのかに関して考えてみたいと思います。

地域区分について

国土交通省は、それぞれの気候に応じて断熱性能の基準を8つの地域区分に分けています。それぞれの代表的な都市は、87ページに書いておきました。今回は、その中でも2地域、3地域、4地域が施工エリアの大井建設工業（長野）と主に5地域がエリアの横尾建設工業（新潟）、主に6地域、7地域が施工エリアの明工建設（静岡）の例を見ていきましょう。

ご紹介する3社で全国8地域の区分のうち、2地域～7地域まで6つの地域が網羅されます。そのため、3社の事例を見れば、ほぼ日本全国の断熱基準の実例がおわかりになるはずです。

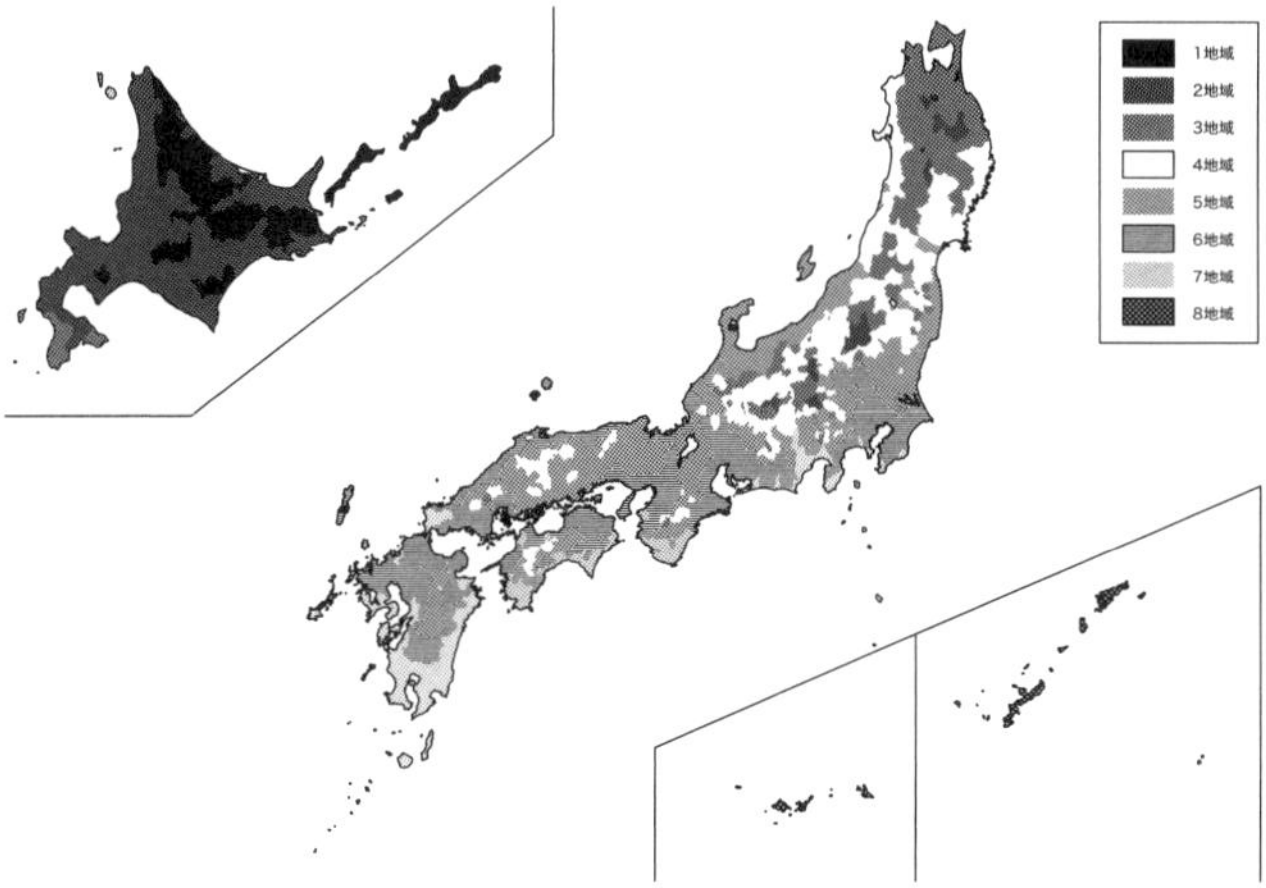

出典：国土交通省『建築物エネルギー消費性能基準等小委員会の審議結果等について』
https://www.mlit.go.jp/policy/shingikai/content/001315641.pdf

大井建設工業の場合（長野県）

では、大井建設工業の実例を社長の私がご紹介します。

大井建設工業の本社は、北佐久郡御代田町《みよたまち》にあります。御代田町といってもご存じないと思いますが、近くの代表的な街が軽井沢と佐久・上田です。そして、大井建設工業の施工エリアは、日本でも珍しい地域になっています。それは、国土交通省が区分した8地域のうち3地域が施工エリアに入っているのです。

軽井沢町……2地域
佐久市……3地域
上田市……4地域

軽井沢町というのは、ご存じだと思いますが首都圏の避暑地として、昔から有名です。

今では世界一の大富豪であるビル・ゲイツ氏の別荘があるということでさらに世界的に有

名になっています。

軽井沢町は2地域なので、12月～2月までの平均気温が氷点下と、かなり厳しい寒さです。特に1月、2月の最低気温はマイナス10℃以下になる日も珍しくありません。

この気候は、北海道の西半分の気候にも匹敵します。そのため、大井建設工業では、標準装備で北海道の断熱基準を採用しています。

また、佐久市は地域区分が3地域、上田市は4地域で、軽井沢ほどは寒くありません。4地域の上田市の1月の最低気温は、マイナス5・2℃ですが、平均気温が零下になるのは1月だけです。そのため、軽井沢、佐久などに比べて4地域は暖かい印象を持っています。

大井建設工業の施工エリアの温熱等級4の断熱基準をUA値で言えば、2地域の軽井沢0・46、3地域の佐久市は0・56、4地域の上田市は0・75と、地域によってかなり変わってきます。

私の経験からお伝えすると、軽井沢町・佐久市・上田市において実際の体感温度としては、UA値が0・5を切ってくるとそれほど差がなくなってきます。ということで、当社として標準仕様を、日本一寒い地域の基準である北海道基準のUA値0・46を標準としています。

これは、佐久市・上田市・軽井沢町を共通の仕様としているので、どちらも十分な暖かさです。ただし、エネルギー効率をもっと上げたいという方には、

ハウス・オブ・ザ・イヤー・イン・エナジー4年連続優秀賞受賞の家

さらに高性能な建物も建てていますが。光熱費などと建築費用のバランスを重視したご提案を行なっています。

性能を上げれば上げるほど、建物の価格は高くなってしまいます。過酷な気象状況の2地域、3地域を中心に施工している会社だからこそ、このあたりの性能が一番建築費もお値打ちで、光熱費も安く、冬に快適な住宅になるというバランスだと考えています。

なお、当社の場合は、「ハウス・オブ・ジイヤー・イン・エナジー」で何度か賞をいただいています。業界全体の中では、断熱に関しては「こだわっている」との評価もいただいています。

横尾建設工業の場合（新潟県）

横尾建設工業は、新潟県の上越市にあります。上越市は、数年前に北陸新幹線が金沢間開業したときに、上越妙高という停車駅ができました。それまでは、ローカル線で越後湯沢というスキーで有名な駅で乗り換えて東京に移動していたことを考えると圧倒的に便利になりました。

新潟といえば、ご想像の通り雪がたくさん降ります。県境には、妙高赤倉という世界でも屈指のスキーリゾートがあります。また、上越市は、世界有数の豪雪地帯としても有名です。雪が多い年では、市内の平地部も2〜3メートルを超える積雪のある年もあります。

1月の最低気温は最も寒い日でマイナス5℃まで下がる日もありますが、一般的には、マイナス3℃を下回る日は、さほど多くはありません。極寒の地域ではありませんが、数カ月にわたり雪に閉ざされる地域ですので、やはりかなり寒い地域になり、住宅にも高い断熱性能が求められます。

また、8月の最高気温は36℃を超える日も多く、フェーン現象が発生する日は、全国で最高気温を記録することも多い地域です。海が近いため、湿度も高いことも特徴で、雪国のイメージからは想像できないほど、夏は蒸し暑い日が続きます。

暑くて寒い特殊な条件が揃っているので、外壁メーカーの大手の1つである「ニチハ」さんは、窯業系（セラミックス、焼き物）の外壁にとって、国内で最も厳しい地域の1つとして認識しており、上越市でさまざまな凍害テストを繰り返したという逸話がある環境の厳しい地域です。

そんな、上越市の地域区分のほとんどは、5地域です。日本の人口の6割以上が住む6地域よりも少し寒い気候ということで、北関東の宇都宮市、水戸市、高崎市のほとんどの地域と同じ区分になっています。

上越エリア(5地域)にある住宅会社の省エネ性能に対する意識は高く、最低ラインでもUA値0･6のZEHクラスの家づくりが盛んな地域です。そのため、横尾建設工業の場合は、標準の断熱仕様をUA値0・45~0・48として、HEAT20のG1グレードを全棟標準仕様としています。

そういった地域なので、20代~30代の若いお客様であっても、暖かい家に対する意識はとても高く、勉強もされています。お客さまは、予算内で可能な限り〝暖かくて、涼しい家に住みたい〟という要望を強く持っています。

横尾建設工業は、20代〜30代の比較的若いお客さまの層が多いため、HEAT20のG1グレードの家を、手の届く価格帯でご提供することを目標として取り組んできました。おかげさまで、家の価格と性能のバランスが優れているという評価を、たくさんの方から頂戴しております。

34坪　4LDK標準プラン　**1780万円**（消費税込み）

また、現在、さらに高性能な住宅の開発にも取り組んでいます。健康と暖かい家の関係性が科学的に証明された今、もう少しお金がかかっても、もっと暖かい家に住みたいというお客さまが少しずつ増えてきました。ＨＥＡＴ20のＧ２グレード（ＵＡ値０・34）の家を、無理をしなくても購入できる価格帯でご提供できるよう、社員一丸となって開発に取り組んでいます。

明工建設の場合（静岡県）

明工建設の本社は、静岡県御前崎市にあります。御前崎市というのはそれほど全国的に有名ではないかもしれませんが、静岡県で御前崎という太平洋に突き出した岬を中心に広がっている丘陵地です。

このように海に近い地域に会社があるために、想定される南海トラフ地震や塩害に関しては、会社を挙げて研究し、住宅づくりに活かしてきました。最近では、御前崎市内で建築を行なうよりも、隣の菊川市や掛川市でのご依頼がとても増えています。地震対策だけではなく省エネ性能0エネルギー住宅（ハウス・オブ・ザ・イヤー・インエナジー優秀企業賞受賞）を建てることに関しても、以前から取り組んできましたので、地元では、高性能住宅を検討するなら一度は訪れるべき工務店として認知されています。

御前崎市の1月の最低気温は、3℃です。平均気温は6℃台。また、8月の最高気温も30℃以下と、海洋性気候という趣があって、夏は比較的涼しく、冬は暖かいのが特徴です。そのため、地域区分は7地域ということになっています。なお、隣の掛川市は1月の最低気温が1・3℃度、8月の最高気温が30・3℃と御前崎よりも冬は寒く、夏暑くなっていきます。そのため、掛川市も、菊川市も6地域になっています。

明工建設の場合は、さまざまな住宅の商品ラインアップを持っていますが、最近では特に、電気を買わない、災害に強い自給自足の暮らしをめざしてお客さまには5つの約束をご案内しています。

一、ヒートショックのない、きれいな空気環境で健康で明るい暮らしを提案します。
一、省エネ性能の高い家づくりで自給自足できる暮らしを目指します。
一、防災性能の高い家づくりを探求し、自然災害から暮らしを守ります。
一、次の世代まで受け継がれる、資産価値の高い住宅を供給します。
一、急速に変化するエネルギー環境を見据えて、M-Smart2020/2030を推奨します。

この「M-Smart2020/2030」という商品では、特に耐震と制振、断熱、気密性に留意し、建物の空気環境を整える換気設備、ＨＥＭＳ（ＡＩ制御機能付）発電、蓄電など最新の設備を備えたＩＯＴプラットＨＯＭＥ（スマートハウス）となっています。

この建物の断熱性能を示すＵＡ値は０・43で、全窓がトリプルサッシになっています。また、太陽光パネルと蓄電池を備えていて、電気代を限りなく安くできます。

実例としては、２０２０年８月１カ月の電気代が１３８７円で余剰売電３万５５０６円の差額３万４１１９円がプラスとなりました。高性能で光熱費を極力削減することができる仕様になっています。

そのため一般住宅でかかる光熱費の月平均が2万円前後に対して、この住宅の場合は、売電による家計支援がおおよそ月2・8万円程度（予測値）が見込めるので、20年間でおよそ1200万円もの収入が見込めます（ただし、太陽光パネルのサイズ、気象天候などにより変化します）。

M-Smart2020 外観図

第5章

日本人がまったく勉強しない、お金というもの

みんなが抱える老後への不安

今、多くの人が、老後の生活に不安を抱えています。

「生活保障に関する調査」（2019年度速報版、生命保険文化センター）によると、18〜69歳の男女を対象に、老後の生活について聞いたところ、84・4パーセントもの人が「不安を感じている」と答えています。100人中84人が、老後への不安を抱いているのです。

1998年の同じ調査では79・9パーセントでした。つまり、この20年で、老後への不安は解消されるどころか、ほんの少しですが、徐々に高まっていることがわかります。

老後の生活に不安を感じるのは、どうしてでしょうか。

現状で「思い通りに貯蓄ができていない」とか、「老後になったときに毎月どのくらいのお金がかかるのかわからない」というところから来ているのかもしれません。

この項では、皆さんの不安の中身を具体的にひもといてみたいと思います。

現在の50代の持ち家率は、なんと85・6パーセントという高さなのですが。家を購入しても、それだけでは不安は解消しないことがわかります。

金融広報中央委員会の「家計の金融行動に関する世論調査［二人以上世帯調査］」（2019年）を見てみましょう。

30代の貯蓄なしの割合は、「年収300万円未満」で41・2パーセントとなっています。「それは給与が安いからでしょう?」と思うかもしれませんが、「年収300万〜500万円未満」でも13・9パーセントが「貯蓄なし」と答えているのです。

年収300万円で4割が貯蓄なし、400万円台で1割強が貯蓄なしということになります。これでは不安になるのも当然だと思います。

ですが、20年前に比べて現代のほうの不安に感じている方は8割を超えるわけです。これはどういうことでしょうか。

年齢が上がっても、貯金ゼロの世帯は多い

「年齢が上がれば、貯蓄できるのでは?」と思う人もいるでしょう。

しかし、そうではないのです。40代貯蓄なしの割合は「年収300万〜500万円未満」

で22・8パーセント、「年収500万～750万円未満」で11・8パーセントもいます。もっと言うと、50代で「年収500万～750万円未満」でも、18・8パーセントが貯蓄なしの状態なのです。

つまり、人口の2割前後の家庭には、ほとんど貯蓄がないということになるわけです。これらの方たちは将来が不安で仕方がないでしょう。

ですが、8割の方が不安というのは理由がよくわかりません。

残りの6割の方は貯蓄があるのに不安だと言っているわけです。もちろん貯蓄額に多寡があると思いますが、現在の貯蓄の平均額は1100万円台です。1000万円以上の貯蓄があれば安泰という感じもするのですが、中央値をみると400万円台しかありません。「中央値」というのは、1000人の調査の場合はちょうど500人目の金額です。つまり、超高額の貯蓄を持っている人が数人いて、実際の普通の方々の貯蓄額の平均的な金額が400万円前後の可能性が高いわけですね。

確かに、400万円くらいであれば老後が不安になっても仕方がないと思います。

この結果からわかることは、8割前後の方は500万円以下の貯蓄しかないので不安に感じているとも読み取れるわけです。

つまり、どれだけ貯蓄があれば十分なのかがまったくわからないので不安が解消しないという状態なのです。このお金の項目では、皆さんのこの不安を解消することを目的としています。

そして、しっかりとした貯蓄を作って、楽しい老後をすごしていただくための指針を得ていただけるとよいなと思っているのです。

では、実際にはどのようして、お金を貯蓄していけばよいのでしょうか。

日本人の給料の変化

その前に、現状を確認していきたいと思います。

こうした「貯蓄ができない」理由として、日本人の給料が横ばい、あるいは右肩下がりの状態が続いていることも、大きいといえます。いつまでたっても、同じ年収の状態が続き、貯蓄に回すお金が生まれないわけです。

実際、会社員の平均年間給与は、「民間給与実態統計調査」（国税庁）によると、１９８

８年（昭和63年）の平均年間給与は３８５万円でした。１９９１年までは３～５パーセントの高成長を達成したあとに、バブルが崩壊して93年にはとうとうマイナス成長に転じて、そのあとは１パーセント前後の伸びに止まり、１９９７年（平成10年）の４６７万円を境に、それ以降減額が続き、２００９年の４０６万円を底に、ようやく上昇に転じ２０１８年の４４１万円まで徐々に戻してきました（図５－１）。

つまり、現在に至っても１９９７年の４６７万円を超えるような所得にはなかなか戻っていないというのが現状です。

２０１９年はさらに所得は伸びたと思われ

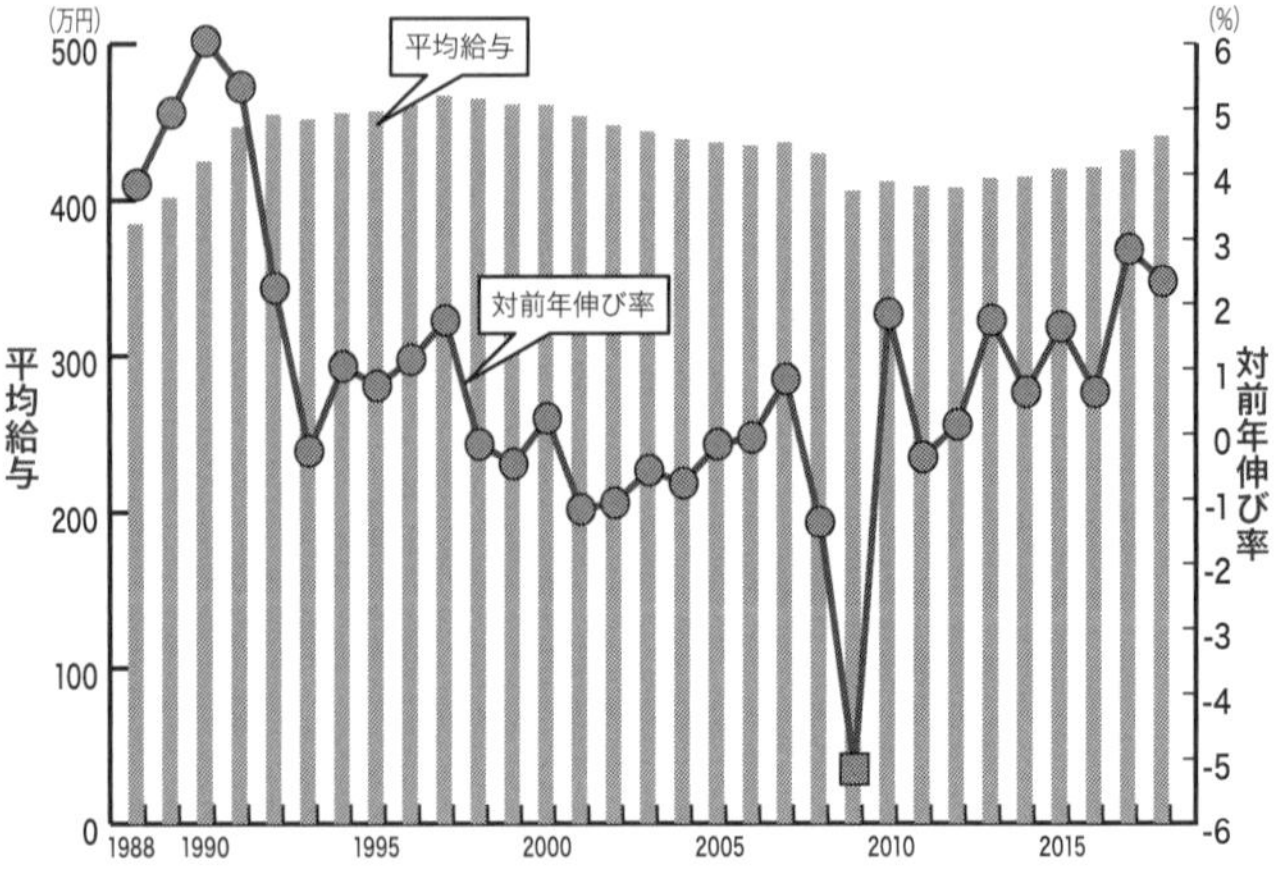

図 5-1　会社員の平均年間給与と対前年伸び率の推移（1988 ～ 2018 年）　金額は（千円）
※「民間給与実態統計調査」（国税庁）を元に編集部で作成

ますが、残念ながら2020年はコロナウイルスショックがあったためにまたマイナス成長になるのではないでしょうか。

しかも、金利は非常に低い状態にあるという環境で、ほかの人と同じことをしてもお金が貯まらないというのは致し方ありません。

この状態で、日本人にお金を貯めさせるというのは非常に難しいといえます。ですが、この本の読者の方だけには老後資金をしっかり作るとお約束することが可能なのです。

老後2000万円が必要なのは、本当か？

老後2000万円が必要だとする、金融庁の発表が世間に衝撃を与えました。これは、金融庁がお金のプロである有識者に老後のお金に関する提言を募り、それを金融審議会市場ワーキング・グループ報告書「高齢社会における資産形成・管理」として、まとめたものです。

そのあと、その報告書を内閣で受け取らないということになって騒動が大きくなりました。つまり、金融庁はこの提言を政府に行なったのですが、政府は日本国としての公式見解にはしなかったのです。

その後、ほとんど報道されてなくなりましたが、「老後＝2000万円必要」という数字は定着した感があります。

しかし、本当に老後に2000万円必要なのでしょうか。あるいは、2000万円で足りるのでしょうか。

この報告書には、月額28万円もの費用が必要だと書かれています。この数字はあくまで全国平均です。

そして、一般家庭には23万円しか用意できないとして、その差額およそ5万円が不足すると書かれています。

さらに、65歳で定年を迎える人がおよそ95歳までの30年間を生きるので、5万円×12カ月×30年間ということで、1800万円もの金額が不足するということになっています。

これが、老後2000万円問題の根拠ということになっているのです。

本当にこんなに費用が必要になるのでしょうか。

実際にこれから家を建てることを考えている方にうかがってみました。岡山県の30代の奥さまは、住宅ローンを除いて、月に15万円くらいあれば、夫婦2人なら生活していくことが可能であると答えました。

実態として、15万円と28万円のどちらが正しいのでしょうか。

国の調査は、あくまで全国平均

金融庁の調査とは別の調査で、「家計調査」(2018年、総務庁)によると、世帯主が70~74歳(2人以上の世帯)の家計の1カ月の支出は23万9587円となっています。

年間で約287万円の支出です。その大まかな内訳は、食糧(月7万3839円)、光熱・水道(月2万2126円)、保健医療(月1万5352円)、交通・通信(月3万1000円)、住居(月1万5633円)などとなっています。

この調査では、持ち家率が92・4パーセントのため、住居費はほとんど考慮されていません。当然ですが、賃貸住宅の場合、これとは別に賃貸費用が発生します。

ここでは、本書の趣旨である、持ち家で老後を豊かに暮らすという前提で、話を進めていきます。この場合、年間で約287万円ですから、70～95歳までで、合計8610万円の支出となります。

ただし、この年間で約287万円必要というのは、あくまで全国平均です。地方都市では、ご主人の年収が300万円台のご家庭が多く、実際、住居費をのぞいて、光熱費、食費、通信費、移動手段などすべてを含んでも、月に20万円もあれば十分、18万円程度でも楽しく暮らせるというご家庭がほとんどです。

このあたりを考慮して、本当に必要な「老後のお金」を、自分なりに考える必要があるといえるのではないでしょうか。

つまり、お子さんが巣立ったあとにご夫婦2人になったときに、生活するのにいったいいくらくらいかかるのかを、家を建てる前にご夫婦で話し合っておいていただきたいのです。

前の項で書いたように、15万円あれば生活はできるという地方がまだまだ多いでしょう。毎月の食費が7万円台というのは少し高い気がします。これは東京都内などの物価の高い地域の数値ではないかと考えられるのです。

厚生年金は本当に下がりつづけるのか？

皆さんは、親の世代の年金額を知っていますか？　大学卒業後、ずっと会社員だった場合、今の70代であれば、夫婦2人で月25万～30万円はもらっています。今度、実家に帰ったら、親御さんに聞いてみてください。その額の多さにきっと驚くはずです。

問題は、皆さんの世代でも、この状況が続くかどうかなのです。前項で触れたように、「家計調査」（2018年、総務庁）では、70～74歳（2人以上の世帯）の家計の支出は、1カ月に23万9587円です。あるいは地方都市で暮らしていれば、月に18万～20万円あれば十分暮らしていけます。

つまり、親の世代と同等の年金がちゃんと支払われれば、老後の暮らしは、悠々自適となります。

厚生労働省（2009年）の調査によると、老後の生計を支える手段として、公的年金を「1番目に頼りにしている」とする割合は、65歳以上は76・9パーセントなのに対し、40代は50・6パーセント、30代は40・4パーセント、20代は37・8パーセントと、若い世代ほど、年金をあてにしていないことがわかります。

ニュースでは「年金の破綻」が多く伝えられています。年金は親世代ほどもらえないと思うほうが普通なのかもしれません。

では、次の項では実際にどの程度の年金が受給できるのかを、予想してみたいと思います。実は皆さんにも毎年届いている「ねんきん定期便」という社会保険庁からのお手紙がありますが、それがあったほうが正確に年金額を想定することが可能です。

そして、社会保険庁のホームページでご自身の年金の手取額のおおよそがしっかりと調べることが可能です。機会があれば、ぜひとも年金想定額をご自身で調べてみてください。

サラリーマンの年金は2〜3階建て

ここで年金のおさらいをしましょう。公的年金には2つの制度はあります。「国民年金」と「厚生年金」です。

働き方によって加入する制度が違ってきます。国民年金は、20歳以上60歳未満の全国民が加入を義務づけられている制度で、毎月1万6410円（2019年度）の保険料を支払います。

一方、厚生年金は、企業に勤める会社員や公務員が加入する制度で、保険料は勤務先と折半です。自営業者は、基本的に国民年金のみ加入しており、一方、会社員や公務員は国民年金と厚生年金に加入しており、さらに企業によっては、厚生年金基金などの「企業年金」を設けているケースもあります。

厚生労働省の「厚生年金保険・国民年金事業の概況」（2015年、厚生労働省）によると、平均受給額は、会社員が月14万4886円（企業年金は含まず）、自営業者や専業主婦だった3号被保険者がこれに含まれていて、毎月5万4414円となっています。

この金額はあくまで平均です。大学卒業後、ご主人がずっと会社にお勤めであれば、厚生年金からの老齢年金は、月額15万円前後になるのではないでしょうか。奥さまが扶養家族の場合は、国民年金と同等が支給される予定ですので、2人で20万円程度が支給されることになります。また、奥さまも正社員で定年まで働くとすれば、2人合わせて軽く月25万円を超えています。

つまり、前に書いたように15万～20万円前後が必要になる老後ということであれば、現在の受給状態を維持できれば、生活するのに問題がないということになります。

では、老後２０００万円問題というのは存在しないのでしょうか。

年金受給額は今後、減っていく？

この年金受給額は、今後どうなるのでしょうか。

国は現在、減額よりも、支給開始時期を遅らせる方向で動いているようです。現在は65歳支給開始ですが、これが近いうちに70歳になることが予想されます。

今、日本の年金制度について「もらえなくなる」といった論調は、あまりに飛躍しすぎていると言わざるを得ません。また、年金を支える人口が減っていることから、金額も減額される可能性も十分にありますが、現在の見通しで考えるとおよそ20パーセント程度の減額で済むといわれています。

つまり、奥さまが専業主婦の場合で夫婦合わせて20万円が16万円へ、奥さまが働いていた場合25万円が20万円前後へということになります。

ただし、それには1つの条件があります。それは、住宅取得後、住宅ローンが70歳までに支払い終わっているという点です。

それをクリアしておけば、老後はそれほど怖くないと言っても過言ではありません。そして、そのうえで、さらに豊かな老後を送りたい場合は、ｉＤｅＣｏ（イデコ）などの投資手法を使って、今のうちから貯金を始めていただきたいのです。

まとめると、年金の受給開始は将来現在の65歳から、さらに後ろに倒されて70歳の受給開始になる可能性が高い。また、現在夫婦で20万円前後の手取りが見込まれる年金が2割程度は減額される可能性があるわけですが、それでも夫婦で16万円程度の年金は確保できるので、住宅ローンさえ完済しておけば、たとえ貯蓄がほとんどなくても生活することに関しては、支障がないと考えられます。

この16万円という年金支給額は、現在の生活レベルとほぼ同じであり、働いていたときと比べて、ボーナスもなければ昇給もないので、旅行に行ったり、建物をリフォームしたり、車を買い換えたりする費用はほとんど見込めません。

そのために、老後の余裕資金をしっかり生み出す必要があるのです。余裕資金があれば、お子さまが何かあったときに援助することも可能になります。

「お金のこと」を勉強していない日本人

私たち日本人は「お金を貯める」ことが下手です。その要因の1つは、日本人の多くが「貯蓄することに、悪いイメージ」を持っているからです。

皆さんは職場で、同僚と「お金の話」をしていますか？　おそらく「ノー」という人が大半なのではないでしょうか。なぜ、そのような事態になるのかといえば、私たちは学校で、正しいお金の使い方を教わってこなかったからです。そのため、お金の話題をもちだすことに慣れておらず、人前で口にしにくいのです。

「お金を貯める」勉強をしていないと、どうやって貯めたらいいのかわからずに、ただ「給料が安いから」を言い訳にして、日々をすごすことになります。こういう人は、たとえ給料が上がっても、お金は貯まっていきません。給料が入ったぶん、使い切る生活に慣れてしまっているからです。

その一方で、同じ給料でも、ちゃんと貯蓄できている人もいます。たとえば、アルバイトしながらでも数千万円の資産を築くことも可能なのです。

金融広報中央委員会の「家計の金融行動に関する世論調査［二人以上世帯調査］」（2019年）によると、30代の「年収300万～400万円未満」のうち、300万円未満の金融資産を所有している割合は11・8パーセントです。30代の「年収500万～750万円未満」の場合、400万～1000万円未満の金融資産を所有している割合は28・7パーセントです。

皆さんのまわりでも、普段は「給料が安いから、お金が貯まらない」とボヤいている人の中にも、着実にお金を貯めている人がいるというわけなのです。

まずは、将来の年金額のおおよその手取額を認識してください。自分の会社の退職金の有無や額を知ってください。そうして、自分自身が老後、どのくらいの預貯金が必要なのかを、ざっくりでいいので知ってください。

その金額をつかんだら、お金を貯めるステップに入りましょう。

次のページに、実際にどのくらいの貯蓄をしないといけないかわかる簡単なチェックシートを作っておきました（図5－2）。

老後必要資金　チェックシート

※このシートは、住宅ローンが終わっている住宅に住んでいるご夫婦が前提になっています。

1.年金収入　　合計	**月額**	**万円**
ご夫婦で年金所得	月額	万円
その他の収入 (不動産・iDeCoなど)	月額	万円
2.老後の支出　　合計	**月額**	**万円**
ご夫婦の月額必要生活費(概算) (※食費、被服費、遊興費、保険費用、通信費などすべての生活費の月額平均)		万円
介護費用 (※介護保険の自己負担分を想定、要介護のレベルにより異なるが月額3〜5万円が一般的)		万円
税金 (※固定資産税、自動車重量税などを想定。現状と変わらない金額を12等分)		万円
保険費用(※基本的には不要)		万円
3.老後に必要な大型予算　　合計		**万円**
住宅の修繕費用(年間に30万円として計算。平均寿命が90歳として、30年間の場合は900万円程度)		万円
自動車納入費用(買い換え頻度、購入価格などを考慮。現状を参考に算出。80から85歳で免許返納を想定)		万円
家電・家具の購入費用(テレビ・エアコン・冷蔵庫・洗濯機などが15年周期で故障。最近の購入価格を参考にする		万円
年間の旅行費用(現在〜引退まで) (年間に使える旅行費用を算出する。何年間ぐらい旅行してくらしたいか)		万円
家族の交際費(1年間に、冠婚葬祭費、子どもや孫への費用などを想定)		万円
その他予備費(なるべく少額で検討する)		万円
4.老後の所得収支		
1と2の差額　年間の貯蓄額・赤字額	年間	万円×30年間
老後の大型予算	合計	万円
過不足金額		万円

図 5-2　老後必要額チェックシート

第6章

お金を節約するための手段

お金を貯める基本的な考え方

「お金を貯める」といっても、今もらっている給料のうち、手取り額の中からどのように、その費用を捻出すればよいのかわからない方もいらっしゃるでしょう。さらには、「どうやっても貯金なんてできないのに、複利とか投資とか言われても……」という方もいらっしゃるかもしれません。

もちろん、「生活費を切り詰めるの？」などと、現在の生活レベルを落とすことを考えるのに対して、拒否反応を示す人もいるはずです。

ここでお伝えしておきたいのは、今までの生活レベルを落とすといっても、スーパーのチラシを見て、少しでも安いところで購入するといったケチケチ生活を送る必要はありません。もちろん、そうしたほうがお金が貯まるスピードは早くなりますし、確実ですが、そこまでしなくてもお金は貯まります。

この本でお伝えしたいのは、実は毎月確実にかかる費用「固定費」を見直して、その浮いた分で「お金を貯めて」いくという方法をお伝えしていきます。

固定費の例としては、このようなものがあります。

〈1　家賃〉今回の書籍はこれを住宅ローンに置き換えていきます。もちろん、住宅ローンもできるだけ安くということが基本なのはいうまでもありません。

〈2　通信費〉毎月皆さんが支払っている携帯の使用料金ですが、これを節約しましょう。

〈3　保険〉毎月数万円支払っている保険ですが、ほとんどがムダってご存じでしたか？

ちなみに、固定費に対して、「変動費」という費用があります。変動費は、日々の食費代といった生活費のことです。こちらを節約したほうがお金は貯まります。ですが、ケチケチ生活を続けているとストレスが溜まったり、急に大きな買い物や高級レストランでの食事など散財したりもしますので、こちらは節約するというのが基本ではありますが、今から大げさに節約は考えないでよいです。

今回お伝えする固定費、つまり1月ごとや、1年ごとなど、定期的に同じ額の支出が繰り返される費用費に、大きなムダが潜んでいるのです。

固定費の節約の破壊力は抜群

ですが、こんな声が聞こえてきそうです。「月に1000円、2000円ケチケチして節約して何になる」とか「もっとドカンとお金が貯まる方法を教えてほしい」というものです。

そんな方は、お金の基本があまりわかっていないと言わざるを得ません。

皆さんは、100万円というお金はどう思いますか？

私は、これが手元にあるのと、ないのとではまったく違うと思います。100万円あれば、お風呂の交換もできますし、キッチンも入れ替えることも、中古自動車であればかなり大きな車でも、中古軽自動車なら2台買えるお金ですよね。

「実は、この100万円は2800円と同じです」と言ったらどう思いますか？

現在の住宅ローンの平均金利は1パーセントを切っています。たとえば、金利が1パーセントの住宅ローンで100万円を35年間借りた場合に支払いは2832円になります。

つまり、毎月2800円節約することができれば、35年後には100万円以上になっているということなのです。

逆に言えば、この20倍の毎月5・6万円を35年間、1パーセントの金利で預けると2000万円は貯まるということになります。

実は、過去からの投資の利回りは1パーセントをはるかに超えていますので、毎月5万円も節約する必要がないのです。

ですが、2800円が100万円と同じだと知ると、がぜん節約する気になりませんか？たった、2800円が100万円を産むというわけです。

携帯電話は3大キャリアをやめる

まず、一番簡単で、手っ取り早い効果が期待できるのが、携帯電話の見直しです。

MMDLaboが2019年3月に行なった「スマートフォンの料金に関する調査」によると、13～59歳の端末代・オプションを含んだスマートフォンの平均月額料金は、大手3大キャリアで8451円、一方、格安SIM契約者は2753円という結果が出ました。

その差はなんと5698円とおよそ5700円です。つまり、1年で6万8000円もの差が生まれるのです。単純計算では10年で68万円、20年で136万円ということになります。

これは携帯電話1台での料金の差ですから、ご夫婦で2台お持ちの場合は、その2倍ということになります。

つまり、2台節約すると毎月1万1400円もの資金が生まれます。これを前の項に当てはめて計算していくと400万円もの価値になります。また、お子さまにもスマートフォンを持たせる場合はさらに大きな差額が生まれます。

携帯電話をちょっと変えるだけで400万円もの費用が捻出されるとすると、2000万円くらい貯めるのはたやすいと思いませんか？

この計算法を知ると、毎月の電気代やガス代などを少し節約できることが、将来にわたって大きなお金を生むということをご理解いただけると思います。

今回お伝えしている、家づくりというのは家庭でのお金の使い方や考え方を大きく変える可能性があるとてもよい人生のイベントなのです。

いかがでしょうか。固定費は、もちろん生活していくうえで必要なものもありますが、携帯電話のように、見直すべきものも多くあります。この章で徹底的にチェックしていきましょう。

次は、最大の難関に挑む　保険

次の最大の難関は、保険です。保険というのはテレビを見ていてもとても多くの企業がたくさんのＣＭを流しています。

日本は世界に冠たる保険大国でして、公益財団法人生命保険文化センターの「平成30年度　生命保険に関する全国実態調査」と「令和元年度　生活保障に関する調査」によれば、日本の家庭の平均月額保険料は、３・２万円に上るとされています。

この金額を単純に先ほどの１００万円＝２８００円の式に当てはめると、１１５０万円ほどの金額になります。

つまり、何も考えずに、保険を払いつづけていくと１１５０万円の資産形成のチャンスをみすみす逃すということにもなるのです。

ですが、われわれが結婚して、子どもを育てる課程において、当然可能性のあるリスクにどのように対応すればよいかを考えるときに、保険を完全に否定するわけにもいきません。

ここからは、この1000万円を超える資産形成の障害になっている保険を必要な保険とムダな保険に分けていきたいと思っています。

最低でも、皆さんに500万円以上持って帰っていただけるようにしっかりお伝えしますので、心して読んでいただきたいと思います。

そのためには、保険の種類をしっかり知ったうえでムダな保険に入らないということが必要です。

なお、保険というのは親兄弟、親戚、友人などの人間関係から加入したり、最近は保険を相談する窓口がたくさんできたので、プロに相談するということがたくさん起きています。

ですが、保険のほとんどがムダなので、われわれ住宅のプロから言わせていただくと、必要な保険以外入らないという基本姿勢が一番必要なことなのです。

保険というのは、たとえば馬券を買う競馬などと同じで、ご家族の命をかけてギャンブルをしているのと似たような行為であるということを、この機会にぜひともご理解いただきたいのです。

まずは、保険の種類を知る

保険には、いくつか種類があります。

また、保険の自由化によって、生命保険と損害保険の境が曖昧になってきていて、たとえばケガしか保障しない損害保険が保障する医療保険というのも登場しています。損害保険は、期間が短い、額が小さいので、ここからの項目は、期間が長く家計への影響が大きい生命保険を中心にお伝えしていきます。

〈1　期間で分ける〉

定期保険　一定期間かける保険

終身保険　一生涯保障が続く保険

〈2　お金貯まるか、貯まらないかで分ける〉

掛け捨て保険　保険料で保障を買うタイプの保険

貯蓄型保険　　保険料が積み立て代わりになっている保険

〈3　種類で分ける〉

死亡保険　死亡時に支払われる保険で、これに特定の疾病でも支払われる保険を
　　　　　組み合わせることが多い

年金保険　老後の年金などを積み立てるための保険

医療保険　医療費を捻出するための保険、入院時、手術時に保険金が支払われる。
　　　　　ガン保険も医療保険の一部

学資・子ども保険　子どもの学資や子どもの病気、ケガなどで支払われる保険

収入保障保険　死亡時、特定の疾病時などに保険金が支払われる保険

養老年金保険　一定額を預け入れることで老後の年金が支払われる保険

現在の経済状況でムダな保険というのは、右記すべてといっても過言ではありません。

つまり、すべての保険が皆さんにとってはムダなのです。ですが、ご主人や奥さまに万が一のとき、残された家族が困らないように最低限の保険に入るという姿勢で臨んでいただければと思うのです。

その最低限というのは何か？というと、

収入保障保険

これだけです。この保険には働いているご家族が入ってください。専業主婦の場合は、ご主人だけ。共稼ぎの場合は、ご夫婦で。専業主夫の場合は、奥さまだけが入っていれば十分です。

自分の死亡保険を見直す

皆さんの多くは生命保険（死亡・医療保険）に加入していることでしょう。生命保険文化センターの「生命保険に関する全国実態調査」（平成30年度）によると、世帯加入率は88・7パーセントと、日本人のほとんどが加入していることがわかります。

では、生命保険の年間保険料は、どのくらいかといえば38・2万円となっています。毎月3万1833円です。

皆さんは自分の生命保険の内容を十分理解していますか？

実は、日本人は、生命保険を「義理・人情」で加入しているケースが多いのです。前述の調査では、営業職員を通じて、保険に加入した割合が53・7パーセントとなっています。多くの人が、営業マンに言われるがままに加入しているのです。ここで1つ、大切なことを話します。彼ら営業マンは「会社が儲かる」ことを視野に入れながら、商品を提案しています。

死亡保険の内容を把握していないなら、見直す

死亡保険については「なぜ、その保険に加入しているのか」を自分に問い、そこに明確

な理由があれば、加入しつづければいいと思います。

しかし、理解していなかったり、「営業マンに必要と言われた」というのであれば、すぐに見直しをするべきです。

たとえば、今も昔も不動の人気を誇る「終身保険」。これを銀行の定期預金の代わりに、葬式代のためにと加入している人があとを絶ちません。バブル崩壊前の保険ならともかく、平成20年以降のこの保険に価値はほとんどありません。いつか利息が付いて返ってくると思い込んでいる人もいらっしゃいますが、予定利回りは1パーセント以下と銀行の定期預金よりはマシですが、投資としては最低クラスです。

しかも実際に受け取れる死亡保険金は、これまで支払った保険金額に比べて非常に小さなものです。果たして加入する必要はあるのか、真剣に考えてほしいのです。

親が死亡保険に加入している姿を見て「自分も入らなくては……」と思っている人もいるのではないでしょうか。しかし、私たちの親世代は「貯蓄」という意味合いで入っていた面もあります。生命保険の予定利率は、昔はかなり高かったからです。予定利率とは、保険会社が「この利回りで運用する」と、加入時に約束するもので、加入時の予定利率がずっと続きます。1985年（昭和60年）前後、終身保険は5・5パーセントの予定利率でした。

しかし、2013年以降は1・0パーセントかそれ以下です。保険の貯蓄性はもうないといっても過言ではありません。

住宅ローンを組んだら団体信用生命保険に加入

死亡保険の見直しをする場合は、「団体信用生命保険」の保険額も合わせて確認します。といっても、この保険は、住宅ローンを借りて、家を購入する場合、ほとんどのケースで自然に付保される保険です。

住宅ローンの借主が死亡、あるいは高度障害など保険が定める条件になった場合、住宅ローンの支払いが免除になるという保険です。

銀行の住宅ローンやフラット35の場合は、金利に保険料が含まれており、半ば自動的に加入することになります。ただし、金融機関によってその条件が若干異なります。

銀行など金融機関の団体信用生命保険の場合は、死亡以外に3大疾病の保険が付いてきます。3大疾病というのは、ガン、心筋梗塞、脳卒中で、これらになった場合は、住宅ローンの残金が保険から支払われることになります。

最近は、ガンになっても半分以上の方が生還されるので、そのあとの生活で住宅ローンがなくなるという、不幸なのか幸福なのかわからない事態になります。

なお、フラット35の場合は、死亡保険と高度障害以外の保険は含まれていません。フラット35の場合は団体信用生命保険に3大疾病を付けることも可能ですが、その場合は金利が高くなって、住宅ローンの支払額が高くなってしまうので、よほどガン家系など特別な場合を除けば、そこまでする必要はありません。

そして、この団体信用生命保険が、死亡保険の代わりになるので、ほとんどの死亡保険を解約してもかまいません。

ここでのおすすめは、保険の見直しは住宅ローンを支払いはじめてからがよいということです。団体信用生命保険は、住宅ローンが実行されてから有効になります。ですので、住宅ローンの支払いが始まるまで、ほかの保険を解約してしまうと保障が一時的に少なくなってしまいます。

ただし、付保から3年以内に亡くなったり、ガンになった場合には、保険会社が支払いを拒否することもあり得るので、なるべく健康状態に気をつけてください。当然ですが、持病のある方は加入できません。万が一ウソをついて加入したとしても、保険金の支払いが拒否されたら、なんのための保険かわからなくなります。

医療保険はいらない

最近のテレビには、医療保険のＣＭが多く流れます。著名人が出て、医療保険の大切さを説きます。

「生活保障に関する調査」（２０１６年、生命保険文化センター）によると、「医療費は公的医療保険だけでまかなえる？」というアンケートに対し、「まかなえるとは思わない」が51・４パーセントにのぼっています。一方、「まかなえると思う」は44・８パーセントです。

万が一のときの不安も手伝って、民間医療保険の加入率は上昇しつづけています。複数加入したり、高い保障の医療保険に加入したりと、みんな必死です。

ここでは簡単に医療保険に要不要を考えてみます。ここまでお読みいただいた方は、ご理解いただけていると思いますが、医療保険の加入も必要ありません。

どうしてかといえば、絶対に元が取れない保険だからです。

近年、社会補償費用を削減しようと考える国の政策によって入院日数は短くなっています。厚生労働省の「平成30年（２０１８年）医療施設（静態・動態）調査・病院報告の概況」によると、一般病床の平均在院日数は16・１日です。

これは、保険の点数が入院患者が２週間以上入院すると保険の点数が下がって、病院にとって儲からない患者になるという制度的な理由があるからです。

医療保険のほとんどが、入院１日あたりに加えて、手術などの加算から成り立っていますが、入院期間が短くなると元が取れなくなっているわけです。

多くの医療保険は、保険料が３０００円前後ですが、これはおよそ１００万円の住宅ローンとほぼ同じです。つまり、１００万円の保険料が支払われないのであれば、その保険は損ということになるのです。

さらに、次にお伝えする制度には、国民のほとんどの方が加入しています。

健康保険の高額療養費制度

サラリーマンや公務員などの方は、厚生年金、あるいは公務員共済などの社会保険に入っています。そのうち、皆さんがお持ちの健康保険には、「高額療養費制度」というものが存在します。

その高額療養費制度の中身を見てみましょう。この制度は、日本の公的医療保険にある仕組みの1つであり、年収や年齢によって、自己負担の上限額が定められているのです。

たとえば、年収約370万～約770万円の方で、1カ月で100万円の医療費がかかったとします。公的医療保険は、そもそも3割負担のため、本来であれば30万円払うことになりますが、実際はおよそ9万円の支払いで済みます。これ以上の高額医療は、健康保険が支払ってくれます。

ただし、この高額療養費制度は、「食費」「差額ベッド代」「先進医療にかかる費用」などは対象になりませんので、注意が必要です。食費は2018年4月に改訂されて一食460円になったので、1日1380円かかります。2週間の入院でおよそ2万円かかります。当然ですが、入院した方の食事は自宅では用意する必要がないので、その分食費が浮く計算になります。

また、「先進医療費は保険対象外では？」と思うかもしれません。しかしながら、日本では、相当高度な治療が公的保険で受けられます。先進医療は、保険の対象にするかどうかを評価する実験段階の医療なのです。そのため、この制度を活用できるチャンスは、われわれ庶民にはほとんどないといっても過言ではありません。確率的にいえば、交通事故にあう可能性よりも低いのです。そこまで安心が必要なら止めませんが、その分お金を貯める時間がかかるという点はご理解ください。

また、医療保険の営業マンがよくセールストークで使うのが「高額療養費制度は、同一月（1日から月末まで）で区切られるため、高くつくケースもある」という文言です。たとえば、11月10日～12月20日まで入院したら、11月分と12月分は別途計算されるというわけです。「1か月分に自己負担が9万円であれば、18万円になってしまう」と営業マンは主張します。

しかしながら、前述のように入院する期間はどんどん短くなっていて、現在は16日しかありません。「生活保障に関する調査」（２０１６年、生命保険文化センター）によると、入院時の入院日数のうち、一番多いのは５～７日未満が25・４パーセントです。５日未満も

17・5パーセントとなっています。このことから言えるのは、皆さんが思うよりも入院日数は少ないということなのです。

しかも、厚生労働省が発表した2017年の患者調査では、全世代で10万人に対しての入院患者は1000人前後とたった1パーセントしかありません。これは、皆さんの入院確率が1パーセントであるということを意味しませんが、それでも30パーセントを大幅に超えないレベルです。亡くなるタイミングでの入院も合わせても人口の半数以上は入院しないといっても過言ではありません。

よほどお金に余裕があるのであれば、医療保険に加入してもかまいませんが、そうでなければ加入の必要がないというのはご理解いただけると思います。

どうしても心配な場合は、「高額療養費制度」を視野に入れながら、最低限の保障の医療保険に1つ加入すれば十分だといえます。たとえば、県民共済の「活き生き1500」の保険料は月1500円ですが、入院時は1日3500円、手術は2万5000～10万円の保障があります。

月3000円といった高い保証の保険よりも、月1500円が節約できる計算になります。年1万8000円です。10年で18万円、20年で36万円にもなります。また、そもそも医療保険に入っていなければ10年間で2倍の36万円が貯まるわけですから、高齢になって病気になったときでも、医療保険には加入せずに、もし差額ベッド代などが必要であれば、この36万円から捻出するべきなのです。健康で入院することもなければ、家族旅行などに自由に使えばいいのではないでしょうか。

学資保険は不要

皆さんの中には、保険の営業マンから「教育費の準備のため」と提案されて、学資保険に入っている人も多いのではないでしょうか。結論からいうと、今すぐ解約することをおすすめします。

学資保険のセールストークは「銀行に預金するよりも有利だから」が一般的です。その言葉に嘘はありません。銀行の定期預金の平均利率は、0・015パーセントです。一方、学資保険は、返戻率が一番高いとされるソニー生命の学資保険で、18年預けてもおよそ1・07パーセントです。つまり100万円預ければ、101・07万円になるということです。

確かに、銀行の定期預金よりは有利です。

しかし、学資保険は商品によっては実質元本割れになる可能性があります。２０１９年の週刊新潮の9月12日号に特集された、「騙されてはいけない『保険』」によれば、大手の返戻金付きの学資・こども保険の多くが、払込保険料よりも、受取金額が少ないという調査結果が掲載されていました。ひどい商品になると、加入するだけでなんと3割も損をするような悪質なものまであるのです。

さらに、教育費は、このデフレの日本の中で、値上がりしつづけた数少ないものです。過去20年間のデータを分析すると、平均して国立大学は毎年1・7パーセント、私立大学は毎年1・6パーセントずつ教育費が上昇しています。

学資保険の利回りが教育費の上昇率よりも低いどころかマイナスだと、教育費の準備に対して大幅な元本割れになってしまいます。そうであれば、学資保険で支払うお金は、投資信託に投資するなどして、教育費の上昇率よりも高い利回りを狙ったほうがいいのです。

詳しいことは、第8章のお金の貯め方に記載しておきます。

唯一、入るべき収入保障保険

保険というのはいざというときのために備える商品です。つまり、バブル前のように金利がよい時期ならともかく、現代のように低金利時代は最低限の掛け捨ての保険に入るのが正しい姿勢です。

唯一、入るべきは、掛け捨ての収入保障保険です（次ページ図6－1）。

これは、定期死亡保険と違って、年齢が上がったときの補償額が小さくなるので保険金が定期死亡保険に比べて安いのが特徴です。

加入すべきは、働いている人で、ご主人だけ、奥さまだけ、両方の3パターンあると思います。

そして、次の項にいくらの保険に入るべきかは簡単なチャートで算出できるようにしました。われわれサラリーマン、公務員、企業の経営者は厚生年金に入っているので、遺族年金がもらえます。その遺族年金では不十分な部分を補うために、この収入保障保険を使えばいいわけです。自営業の方は国民健康保険に加入しているのですが、この国民健康保

〈契約例〉30歳男性／年金月額 10万円／保険期間&保険料払込期間 60歳まで

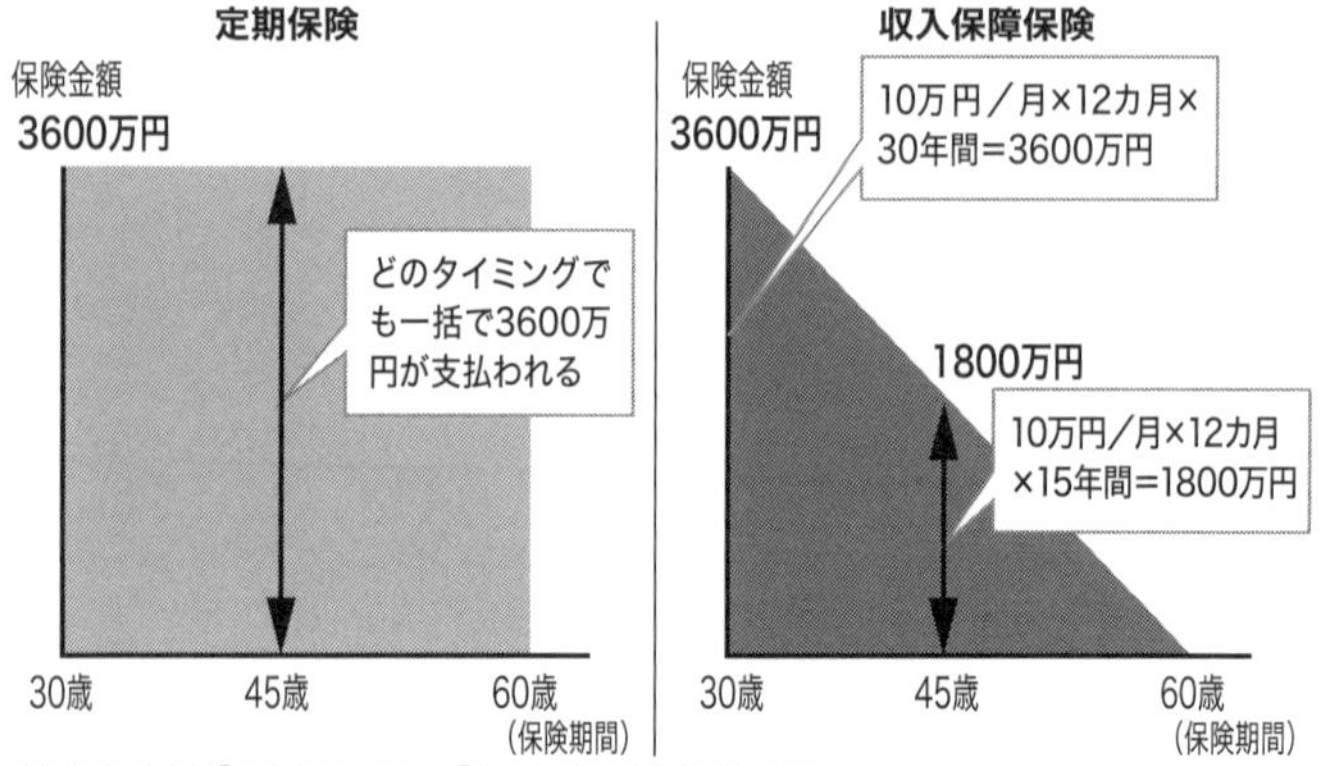

（出典：保険市場「いまさら聞けない「収入保障保険の基礎知識」」
https://www.hokende.com/life-insurance/life/income/columns/basic_income）

図 6-1　定期保険と収入保障保険の違い

険は遺族年金の額が少なく、また18歳以下の子どもがいない場合は一切出ないなど問題が多いです。自営業の方は、この収入保障保険を多めに加入するとよいでしょう。

ポイントは保険の終了年齢でして、60歳、65歳、70歳、75歳と選べるものが多いのですが、最近の方々の労働傾向から考えると65歳終了か、70歳終了を選ぶとよいでしょう。もちろん、70歳終了を選ぶと保険料が上がってしまうので、今の年齢が40歳を超える方は65歳でもよいと思います。

なお、最近は収入保障保険が人気になって多くの会社が商品を出していますが、加入時には必ず比較検討して、加入することをおすすめします。

また、保険の相談窓口ではなく、すべてネットで比較検討できるので、ネットでの比較検討をおすすめします。

万が一のときにあわてない備えとは？

保険の項の最後に、老後ではなく、「ご主人や奥さまが万が一のときにどうなるか？」だけ考えておきたいと思います。

収入保障保険がよいといっても理由がわからないと、選びようがないですから。

この場合は、簡単に考えるために収入がある人を1人ずつ考えます。とりあえず、ご主人が正社員で収入の柱というときの考え方だけをお伝えします。

そのほかの場合は、次ページの図6－2の表を参考に当てはめてみてください。

ご主人の収入を税抜きで計算します。去年1年間の手取りの合計を算出します。

たとえば、月額手取り20万円と、ボーナス時の手取りが60万円が2回とすれば、合計360万円になります。月にならすと30万円です。

図6-2 **必要保証金額　チェックシート**

このチェックシートは今現在、あるいは将来にわたって、収入がある方についてどれだけの保証があれば十分かを算出するためのシートです。

ご主人・奥さまが有職者の場合：	
A. ご主人さま、奥さまの手取り月収 （ボーナスは直近実績を参考に月額で換算します）	,　　　円
B. 予想される遺族年金の金額 （遺族年金の金額はネットで調べることが可能です）	,　　　円
C. 住宅ローンの月額返済額	,　　　円
D. ご主人様、奥様にかかる費用一式 （おこづかい、ガソリン代、趣味・遊興費など月額の平均額）	,　　　円

A－（B＋C＋D）＝必要保障額

これを収入保障保険で有職者が定年を迎えるまで確保すれば、生存時も死亡時も生活が変わりません。

ご夫婦２人とも有職者の場合は、両方が行ない。お2人とも保険に加入することをおすすめします。

必要保障額が２万円以下の場合は、収入保障保険に加入するかしないかは慎重に決めて下さい。多くの場合は月額５万円が最低の保険になるからです。

これが、皆さんのご自宅のやりくりの元になります。

ここでは奥さまの収入は考えません。

そして、そこから住宅ローンの月々の支払金額を引きます。住宅ローンが10万円なら30万円－10万円になります。これは団体信用生命保険から支払われる保険金です。

さらに、ご主人の遺族年金を計算しないといけません。遺族年金は、ご主人の年齢や年収、さらにはお子さまの有無によって異なります。

ここでは、18歳以下のお子さんが2人いらっしゃるケースで考えますが、おおよそ14万円程度支給されると予想されます。詳しくは実際に、インターネットで「遺族年金　シミュレーション」などと検索するか、社会保険事務所などに相談すると教えてもらえます。

ここでは、14万円支給されるとすると、さらに14万円月収が入ってきます。

続いて、ご主人が生きている間にかかる、毎月の食費、お小遣い、通勤費のうち自己負担分などを計算します。ここでは、月に5万円としておきましょう。

すると、30万円－10万円－14万円－5万円＝1万円となります。

つまりは、このケースでは、ご主人が亡くなってもお子さんが18歳になるまでは、住宅ローンさえあればほとんど変わらない生活が描けることになります。

ただし、お子さんが18歳を超えると支給額が減っていくのでその分を月5万円程度として、現在の年齢から65歳か70歳まで支給される保険に入る場合を考えてみます。

その場合の保険料は、チューリッヒ生命の「収入保障保険プレミアDX」の場合は、5125円になります（現在の年齢が35歳で、非喫煙者健康体の場合）。

つまり、この金額で将来の安心が買えるというのであれば、安い買い物だと思います。

第6章は、家計費のうち、通信費と保険費用を削減する手段について考えてみました。

この2つは家計の固定費において、非常に大きなウエイトを占めます。これ以外に、新聞代や使っていないジムや趣味の会費などは削減の対象でしょう。もちろん、大好きな趣味まで止める必要はありませんが、月に2800円の節約を続けると100万円以上の価値があるという考え方で家計を整理することをおすすめします。

第7章

得する住宅ローン

間違いだらけの住宅ローン

世の中には、住宅ローンにまつわる「間違い」がとても多いのです。

たとえば、住宅ローンで一番の悩みどころは「いくらまで借りるべきか?」です。それを解決するために、さまざまなアドバイスを見かけますが、その多くは「間違い」ばかりなので、注意が必要です。

その1つに「住宅ローンの借入額は年収の○○倍以内なら大丈夫」というものがあります。このアドバイスは、住宅ローンを借りる方の年齢を考慮していないので、間違いになりかねません。住宅ローンは、79歳11カ月までしか借りられません。たとえば、今年46歳になる方は、33~34年分しか貸してもらえないのです。その場合は、住宅ローンの総額によっては、支払いが厳しくなることも考えられます。

当然ですが、現在の情勢では70歳を超えても働きつづけるとすると、正社員ではなくパートでしか採用されないので、現役時代と同じレベルの収入を確保することは難しいと思われます。そのため支払いに窮する場合も考慮すべきです。

また、お仕事内容、企業の規模、家族の人数、建築する場所などによって予算はさまざまに変化します。

たとえば、都心の港区など坪700万円する土地もあれば、地方では坪5万円以下の土地もたくさんあります。当然ですが、都心では30坪くらいあると「広い」といわれますが、地方では50坪の土地でも手狭と表現することすらあります。

建物の価格も仕様によって、大きく異なります。前半で示したような性能重視の建物の場合は115平米（35坪）くらいの建物の場合は、1800万～2500万円くらいはしてしまいます。そこから、土地込みの合計金額を支払っていけるか？

これをしっかり検討する必要があります。

「住宅ローンの返済負担率が25パーセント以内なら大丈夫」は間違い

また「住宅ローンの返済負担率が25パーセント以内なら大丈夫」というのも間違いです。

この返済負担率というのは、税込み年収の25パーセントを住宅ローンの返済に回していくという考え方です。返済負担率の計算に使われている年収は、手取りの金額ではなく、税金や社会保険料など、手元に残らないお金が含まれています。

年収は税込みではなく、手取りで考えないと間違えます。扶養家族の数や実際の年収によって、手取り金額というのは大きく異なります。間違った年収で計算してしまえば、返済負担率は25パーセントを超える場合もあります。その場合は、生活を切り詰めないといけなくなります。1年2年ならなんとかなりますが、それが何十年も続くと考えるとぞっとします。

逆に超えても問題ないケースもあります。

たとえば、一時的に奥さまが育児休業されているケースは、むしろ家族のために積極的に大きな家を建てるとか、超高性能な家を建てるなど検討するのもよいかもしれません。

なお、銀行の基本的な返済率の考え方は、年収400万円未満の方は、最大30パーセントが返済分率の上限です。これが、年収400万円を超えると35パーセントまで貸してくれます。

ちょっとした例で考えてみると、このように計算します。

たとえば、税込み年収420万円の場合は、この35パーセントつまり、147万円が年間返済額になります。

月々で見ると12万2500円です。これを毎月支払っていくということになって、この金額を35年間支払っていく前提で借入総額を検討すると、金利が1パーセントの場合は4340万円、金利が3・5パーセントのケースで2960万円まで借りられる計算になります。

この計算はローン電卓が無料アプリでたくさんあるので、住宅購入を検討されている方はどんなアプリでもよいので、ぜひともローン電卓アプリをダウンロードして使ってみてください。

「家賃並みの支払いで家が買える」は嘘

住宅販売の広告もプロのわれわれが首をかしげたくなるような金額が書かれていることがあります。代表的なものといえば「家賃並みの支払いで家が買える」というものです。

この文言を大きく載せる広告を見ると、多くの場合で「変動金利」という住宅ローンで返済額が計算されています。これはこれで、考え方としてはアリなのですが、安いのには当然ですが理由があります。この本でお伝えしている性能を著しく下回っていることが多いのです。また、実際に詳しく読んでいくとその金額では手に入らない物件であるということも多いのです。

たとえば、手数料です。仲介不動産の手数料は、「(不動産価格×3パーセント＋6万)×1・1(消費税)」です。1000万円の場合は、(30万円＋6万円)×1・1＝39万6000円の手数料がかかります。もちろん、広告に掲載されている金額には含まれていません。そのほかの費用が別だったり、たとえば土地が借地だったり、再建築ができないので一般的な住宅ローンが借りられないケースまであります。

とにかく、不動産の広告に関しては、いくつもその表現方法に見て慣れていくしかありません。そして数を見ていくと、絶対に相場よりも極端に安い商品はないということに気がつきます。

住宅ローンの総額を下げるには、土地を下げるか、建物を下げるしか方法がないのです。そのため、妥協も必要になってきます。

安心できる住宅ローンの決め方

住宅ローンの予算を決めるときには、前述の計算式で、ご自身での最大予算を確認しておくことです。この金額を借りてしまって、将来収入が増えていかないと、返済にかなり苦労します。お子さまの教育費や、ご自身や奥さまの自動車、家族旅行などこれから費用がたくさんかかるイベントが皆さんの人生では必ず起こります。

それを見越して、その分をきちんと支払っていけるライフプランを作ることから始めてください。

ファイナンシャルプランナーに依頼するとしっかりとしたライフプランシュミレーションを作ってくれますが、そのプランナーが保険屋さんだったというケースも多く、注意が必要です。保険屋さんに依頼をすると保険が必要なプランニングをしてきます。

ですので、家を建てたいという場合は、相談すべきは住宅会社です。この本の筆者の会社は、さまざまな方法で安全な予算を検討しますが、会社によっては詳細なライフプランを自社内で作っているところもあります。また、当然ですが土地や建物に関しての情報は地元の工務店が一番持っています。

これを元に、実際に土地の価格、さらには家族の人数、必要な建物の部屋数とサイズなどから建物の概略サイズを算出します。

その結果として、最終的に安全な予算と希望する建物のバランスが取れてきます。

ライフプランシュミレーションがなくても安全な住宅ローンを組むことは可能です。それは、単年、つまり1年間の年収と支払い、生活費、さらに貯蓄の金額を検討していく手段です。この場合はライフイベントといってお子さまの教育費や、自動車の購入イベントごとのお金の増減は見通せませんが、住宅ローンを支払いながら所定の貯蓄をしていくことが可能です。

いずれにしても、しっかりとした将来の見通しを立てずに、ただやみくもに「住宅ローンを組めるから組む」という進め方には反対です。金融機関にいきなり行って相談しても、借りられる借りられないとか、いくらまでなら貸してくれるかは相談に乗ってくれますが、どんな土地にどんな建物が建つかは相談に乗ってくれない場合があります。

ただし、安全に安全にと考えすぎると満足のいく建物が建たないという逆のリスクもあります。たとえば教育費は、大学の入学金までは面倒を見るが、学費は奨学金を使うとか、自家用車は新車ではなく中古車にしてコストを抑えれば、その分住宅にお金を使えます。

どちらがよいかは皆さんの価値観です。この本では、建物の性能を重視した考え方を提示してはいますが、そうしないと失敗というわけでもありません。皆さんの価値観に合ったステキな住まいを手に入れていただければ成功だと考えます。

住宅ローンを決める手がかり　変動金利編

住宅ローンの「借りても大丈夫な額」がわかったら、まずは、変動金利か固定金利のいずれかを決めます。それぞれ特徴があるので、中身を見ていきたいと思います。

まずは、変動金利から。変動金利は、「短期プライムレート」という金利を元に、年に2回決定します。なお、以前は「公定歩合」という日銀が決定する金利を元にしていましたが、バブル崩壊以降、より実態金利を表している、短期プライムレートに変更されています。この短期プライムレートというのは、金融機関によって異なりますが、多くの場合はその金融機関が取引している金利を指すことになっています。

この短期プライムレートは、とても単純に言えば景気がよくなると自然と上昇して、景気が悪くなると下がります。もちろん、日本の金融政策や、米国や中国などの金融政策、世界経済の状況によっても左右されますが、現在のコロナウイルスショックのように長期間にわたる不況が予想される場合には、なかなか上がりません。

日本銀行は現在ゼロ金利政策をとっているので、早くても２０２３年くらいにならないと景気は上向かず、金利の上昇の兆しは出てこないと思います。

そして、変動タイプのローンは、金利タイプの中では金利が一番低く設定されています。金利が下がれば返済額は減り、金利が上がれば返済額が増えます。

とはいえ、半年ごとに金利が変わるわけではなく、多くの場合、5年ごとに返済額が見直されます。その際は、直近の金利が適用されます。なお、見直される返済額は、それまでの返済額の１・25倍が最大となります。これは、過去にあまりにも金利が上がりすぎて、住宅ローンの支払いができなかった人が続出したためにとられた措置で、万が一１・25倍を超えて金利が上昇した場合は、住宅ローンが35年からさらに伸びるという形で支払われることになります。

変動金利の住宅ローンの大きなメリットは、金利の安さです。ずっと金利が上昇しなければ、ずっと低い金利のままということになります。

一方、デメリットは、将来的に金利が上がるケースがあるという点になります。ずっと「金利が上がったらどうしよう」と不安を持ちつづけるのも、1つのデメリットといえます。

なお、変動金利の中には「固定金利期間選択」というものもあります。住宅ローンを借りてから一定期間は金利を固定し、そのあとは変動金利になるというものです。

たとえば、10年固定の住宅ローンであれば、最初の10年間は固定金利ですが、11年目からは変動金利になります。固定金利の期間は2～30年とバリエーション豊富です。

固定金利の期間が短ければ、その分、金利は低くなりますが、完全な変動金利のほうが確実に金利が安いので、一部固定金利はあまりお勧めできません。

現在の金利状況、経済状況を考えると変動金利が支払い総額を抑えられるので、とてもお勧めです。

住宅ローンを決める手がかり　固定金利編

固定金利の住宅ローンとは、住宅ローンを借りてから返済が終わるまで、金利が同じ住宅ローンのことを指します。つまり、35年ローンを借りた場合は、借りたときの金利状況で支払額が決まります。金利が決まっているので、毎月の返済額や総返済額も借りたときわかります。

全期間固定金利の住宅ローンは「フラット35」を選ぶことになります。フラット35というのは政府が、われわれが住宅を持ちやすいように開発した商品で一般社団法人住宅金融支援機構がとりまとめています。ただし、お金を借りるのは、一般金融機関からになります。インターネットで「フラット35」と検索していただければ、住宅金融支援機構のホームページを見つけることができます。

2018年からは、フラット35に団体信用生命保険が自動で付保されて、金利が表示されることになりました。なお、フラット35は柔軟な対応をしてくれることが特徴で、持病などで団体信用生命保険の加盟ができない場合は、団信なしで融資を受けることも事実上は可能です。

フラット35ですが、金利には幅があります。つまり金融機関によっては、一番安い金利で貸してくれない場合があるのです。また、手数料も金融機関によってバラバラです。そのようなときには、住宅金融支援機構のホームページに都道府県別に借りられるフラット35を一覧で比較できるページがあります（図7－1）。金利情報のページから入れるので、ぜひとも手数料込み、金利込みの総支払額で比較してみてください。

なお、フラット35には、「フラット35S」といって、エコ住宅などを建てて、所定の条件を満たすと、金利が5年（Bタイプ）か10

72件中50件を表示しています。

1 2 >> 表示件数 50件

<<総支払額の低い順で表示>>

	金融機関名	商品名	商品タイプ	融資率	借入金利 引下げ前	金利引下げ後	融資手数料(消費税込) 引下げ前	手数料引下げ後	総支払額	
□	優良住宅ローン	フラット35(性能評価住宅)	フラット35	9割以下	年1.300%	-	融資手数料は住宅性能表示物件について融資額×0.5%(最低手数料110,000円)	-	25,014,285円	>詳細を見る >HPを見る
□	優良住宅ローン	フラット35	フラット35	9割以下	年1.300%	-	融資額×0.8%(最低手数料110,000円)	-	25,064,285円	>詳細を見る >HPを見る
□	旭化成ホームズフィナンシャル	ロングライフ住宅ローンK3コース	フラット35	9割以下	年1.300%	-	融資額×0.880%(ただし、融資手数料の下限は、55,000円(消費税込)となります。)	融資額×0.495%ただし、融資手数料の下限は、33,000円(消費税込)となります。	(通常) 25,080,285円 (引下げ時) 25,003,285円 <<引下げ条件はこちら	>詳細を見る >HPを見る
□	ホームファーストファイナンス	「ファーストFlat」(定率タイプ)	フラット35	9割以下	年1.300%	-	融資額×0.88% ※最低融資手数料:110,000円(消費税込)	-	25,080,285円	>詳細を見る

図7-1　フラット35を一覧で比較できる住宅金融支援機構のWebページ

年間（Aタイプ）0・25パーセント下がる商品も存在します。今回おすすめするような仕様で住宅を建てれば、必ずフラット35Sに適合させることができます。このフラット35SのAタイプ（10年間金利引き下げ）を使うことで、2500万円以上借り入れをするケースで、一般のフラット35と比較して50万円以上お得になることがわかっています。

この全期間固定金利の住宅ローンのメリットは、返済額があらかじめ決まっていることによる安心感です。

一方、デメリットは、変動金利の住宅ローンに比べて、金利が高く設定されていることです。

変動金利で不安を抱くならば、固定金利を選ぶ

住宅ローンのタイプは、そのほか「預金連動型」と呼ばれるものもありますが、全国で借りられる商品ではありません、そのため基本的には「変動金利」か「固定金利」のどちらかを選ぶことになります。まず「変動金利」に関しては、3年固定や5年固定といった「固

定金利期間選択」は、固定金利期間後の変動金利のアップ率が高いので、あまりおすすめできません。

35年の住宅ローンを組んだとして、当初20年は金利が上昇するのであれば、固定金利が有利といえますが、20年は金利が下がる、あるいは金利が変わらないのであれば、変動金利が有利――これが一般的にいわれている答えです。

しかしながら、未来を予測するのは、大変難しいと言わざるを得ません。結局は、変動金利を選んだ場合に、金利の変動で思い悩むか否かがポイントになるのかもしれません。「不安でしかたがない」というのであれば、全期間固定金利を選んだほうが無難です。

なお、全期間固定金利であれば「フラット35」の一択でOKです。どうしてかと言えば、「フラット35」以外の固定金利タイプの商品はほとんど存在しないうえに、あるにはあるのですが、「フラット35」に比べて金利が割高のケースが多いからです。ただし、ARUHIという会社の「スーパーフラット」という住宅ローンは例外です。この住宅ローンは全期間固定で、「フラット35」よりも金利が安い商品ですが、購入する不動産の総額の4割を頭金で差し入れないといけないというものです。よほど自己資金に余裕がある方以外はチャレンジできないので、35年間の固定金利を希望される方は「フラット35」から金融機関を選ぶようにしましょう。

選ぶ場合は、その中でも最低金利で貸し出しをしてくれるところにしてください。住宅会社が選定の協力をしてくれる場合もありますし、ご自分で申請をしないといけない場合もあります。

一方、変動金利の場合は、属性によっては金利交渉ができます。最大で0・3パーセント程度金利が下がることもあるので、引き下げ交渉は必ずしましょう。

コロナウイルスショックが来るまでは、全期間固定のフラット35Sをお勧めしていましたが、現在の金利状況になってくると、少なくとも当初5年前後は変動金利のほうがよいかもしれません。

最後に最近のトレンドをお伝えしておきます。住宅ローンは、なるべく多く借りて、繰り上げ決済はしないというものです。なぜかといえば、団体信用生命保険を最大限利用するためです。

もし住宅ローンを繰り上げ決済したとして、病気で亡くなった場合、繰り上げ決済分は戻ってきません。現金で余剰資金を持っておいたほうが、よほど合理的です。

第8章

お金を放置して、老後の2000万円を貯める

では、「老後にまったくお金が必要ないか？」といえば、そうではないでしょうから、巻末の付録としてお金の貯め方を簡単にまとめておきました。貯蓄ではなく、投資ということについて、基本的なことをまとめてあります。最近は、毎月決まった金額を預けて、大きな資金を貯める方法に関する書籍がたくさん出版されていますので、そちらも参考にして下さい。

「貯める」のが好きな日本人

前項で触れたように、広報中央委員会の『家計の金融行動に関する世論調査［二人以上世帯調査］』（2019年）によると、30代の『年収300万円未満』のうち、300万〜400万円未満の金融資産を所有している割合は、11・8パーセントです。

この景気の悪い世の中で、何とかお金を貯めようとしている人が数多くいることは確かです。ただし、彼らの多くは「貯め方」に大きな問題があります。

親の世代と同じことをして、お金を貯めようとしている人があまりに多いのです。前述の調査によると、金融商品別の構成比は、預貯金（定期預金を含む）が、42・7パーセントでダントツの1位です。

インフレ時代の親の世代であれば、銀行や郵便局への預貯金でも、お金は貯まりました。たとえば、富士銀行（現在のみずほ銀行）の定期預金の利率は、1980年（昭和55年）で「7・75パーセント」ほどもありました。1000万円を預ければ、1年で77万5000円の利息が付きます。しかも、この金利は複利で増えるというわけです。

つまり、金利が7・75パーセントも付くような商品の場合は、5年で1500万円、10年で2000万円近くなります。

このように資産形成には、金利と期間が重要です。しかも、資産に関して言えば「複利で増える」というところもポイントです。

複利というのは、単利と違って、元本に付いた利子にも、翌年利子が付くような商品です。大きなお金を小さなリスクで作るためには、10年以上の期間と1パーセント以上の利回り（金利）が必要になるのです。

銀行の定期預金では、お金は増えない

現在は、デフレであり、マイナス金利という言葉が世の中にあふれているように、経済は成長しない、給料は上がらない、預金金利は0・1パーセント以下が当たり前の時代です。親世代とまったく同じことをしていると、お金は貯まっていかないのです。

日本銀行の「主要時系列統計データ表」を見ると、定期預金の平均利率は0・015パーセントです。1000万円を預けた場合、利息は1年でたったの1500円です。

一方、普通預金は、バブルの時期は2パーセントを超えることもありましたが、現在は、平均0・001パーセント。1000万円預けて、年間10円です。ATMの手数料を考えると、預けていてもマイナスになってしまいます。

さらに、コロナウイルスの影響で世界の経済がすべて「マイナス金利」の導入が始まっています。普通預金の利率0・001パーセントは、このマイナス金利政策を受けた結果です。従来は0・020パーセントでしたが、マイナス金利導入による市場金利の下落を受けて、金融機関が利率を見直したのです。

それでも多くの人が、銀行や郵便局への預貯金で、お金を貯めようとしています。

お金には3つの機能があります。

1つは「保存」です。そのままでは増えていかないというものです。現在の銀行や郵便局への預貯金は「保存」になります。

2つめは「交換」です。モノやサービスとの交換機能です。

そして3つめが「働かせる」機能です。お金には、それ自身が働いて増えるという機能です。お金を増やすには、この「働かせる」機能を利用することが大切なのです。

お金が貯まる人は「お金を働かせる」

お金を「保存」するのではなく「働かせる」には、どうしたらいいのでしょうか。答えをいえば、財産を金融商品に投資して、「長期投資」と「複利効果」で、増やしていくのです。

そうすれば「お金を働かせる」ことができます。

ポイントは、この「長期投資」というところにあります。現在、40代以下の皆さんは、70歳になるまでに最低でも25年ほどの猶予期間があります。30代前半の方は35年ほどの長期にわたる期間があるのです。これがお金を働かせることにおいてはとても有利に働きます。

「投資」と聞くと、ほとんどの人は、ソフトバンクやJR東日本などの個別企業への株式投資や、最近はやりのFX（外国為替証拠金取引）やビットコイン（仮想通貨）をイメージするかもしれません。しかし、これらはすべて、大きく損失する危険性の高い「投機」だといえます。

「投機」と「投資」を分けるのは「リスクがどの程度あるか？」を考えないといけません。FXやビットコインは1日の値動きは非常に大きく上昇、下降がかなりランダムに動きます。また、われわれのように小さな資本しかない投資家は、市場に影響力がほとんど及ぼせないので、市場の荒波に小さな木の葉の船で挑むようなものなのです。個別銘柄の株式投資は、それよりも小さな値動きですが、それでも倒産のリスクもありますので、個別銘柄への資金の投入は趣味の範囲にとどめることをおすすめします。

それに反して、ここで私が使っている「投資」という言葉の意味は、雨粒が長い年月を経て岩に穴を空けるように小さなお金をコツコツと積み上げることになります。

ですので、「お金を働かせる」には、投機に手を出してはいけません。1日中パソコンの前に張り付いて、株の売買を繰り返すプロの投資家でも、トータルで勝つのが難しい世界です。本業が会社員の皆さんでは、あっという間に資金を減らすことになりかねません。そうすれば、住宅ローンの支払いにも支障をきたすかもしれません。

投資信託でお金を増やしていく

皆さんは、自分の本業の邪魔にならない金融商品に投資することが大切です。具体的には「投資信託」と呼ばれる金融商品に投資することをおすすめします。

投資信託とは「投資するお金を信じて託す」という内容の金融商品のことです。複数の株や債券などの金融商品を組み合わせたもので、プロの投資家（ファンドマネージャー）の采配で運用していく商品や日経平均株価や米国債などの金融商品に対して投資していくものなどを指します。

投資信託は、日本経済新聞などを開くとその基準価格が載っていますが、日本で購入できるものだけで1万以上あります。一般社団法人投資信託協会によれば２０２０年の投資信託のファンド数は1万２９９９。また、投資信託に預けられている資金は２３４兆円になるそうです。

あまりに多すぎて、どれを選べばよいかわからないと思います。ここでは、その選び方の秘訣を簡単にお伝えしていきます。

投資信託にはいくつか種類があります。まずは、日本の上場株式だけで構成された商品があります。これ以外には、日本の債券だけの商品（国債、地方債、公社債など）、この2つは為替の影響を受けません。つまり、日本円が高くなろうが、安くなろうが価格にはあまり影響しない商品です。

次に外国の株式によって構成された商品があります。主な株は米国株式ですが、このほかに欧州、中国、インド、ベトナムや、ブラジルなどの新興国株式の商品があります。当然ですが、外国債券の商品も存在します。この他に国内外の商品（金や原油といった資源など）をまとめた商品や、「ＲＥＩＴ」といって不動産をまとめた商品も存在します。ＲＥＩＴ

は不動産の賃料が利回りとして入ってくる商品になります。

リスクを期間で小さくする

どんな投資でもリスクがともないます。リスクを嫌う方が多いのが初心者の特徴です。確かに、必死に貯めたお金をあまり大きなリスクにさらすのは考えものです。

一番リスクが低いのは日本の公社債の投資信託です。ただし、現在の日本はマイナス金利施策を敷いているので、公社債の金利も非常に低く長期投資を考えたときにはあまりおすすめできません。確かに、元本割れのリスクはありません。逆にそのほかの商品はすべて為替のリスクや株式や商品市況、不動産の場合は景気の影響を受けるので元本割れのリスクが存在します。

そして、今回のようにコロナウイルスショックで、株価が暴落すると当然ですが、株式投資などは大きな元本割れのリスクが存在するのです。

そのリスクに対抗していく手段は、唯一時間しかありません。私が、30代の方々に投資を勧める理由は、老後までの時間がたっぷり取れるからです。

もし、今後定年がさらに延長されて70歳になる日まで働くのが常識になるとすると、30代の方は最低でも30年間の期間を使って投資をすることが可能になります。20代の方には40年以上の時間があるわけです。これは、筆者のような50代、60代の人間からすると非常にうらやましいことです。

図8－1は三井住友銀行が自社のホームページに掲載している表ですが、1970年から2018年の間の30年の期間に毎月1万円ずつ投資した場合、元本360万円がいくらになったのかが書かれています。

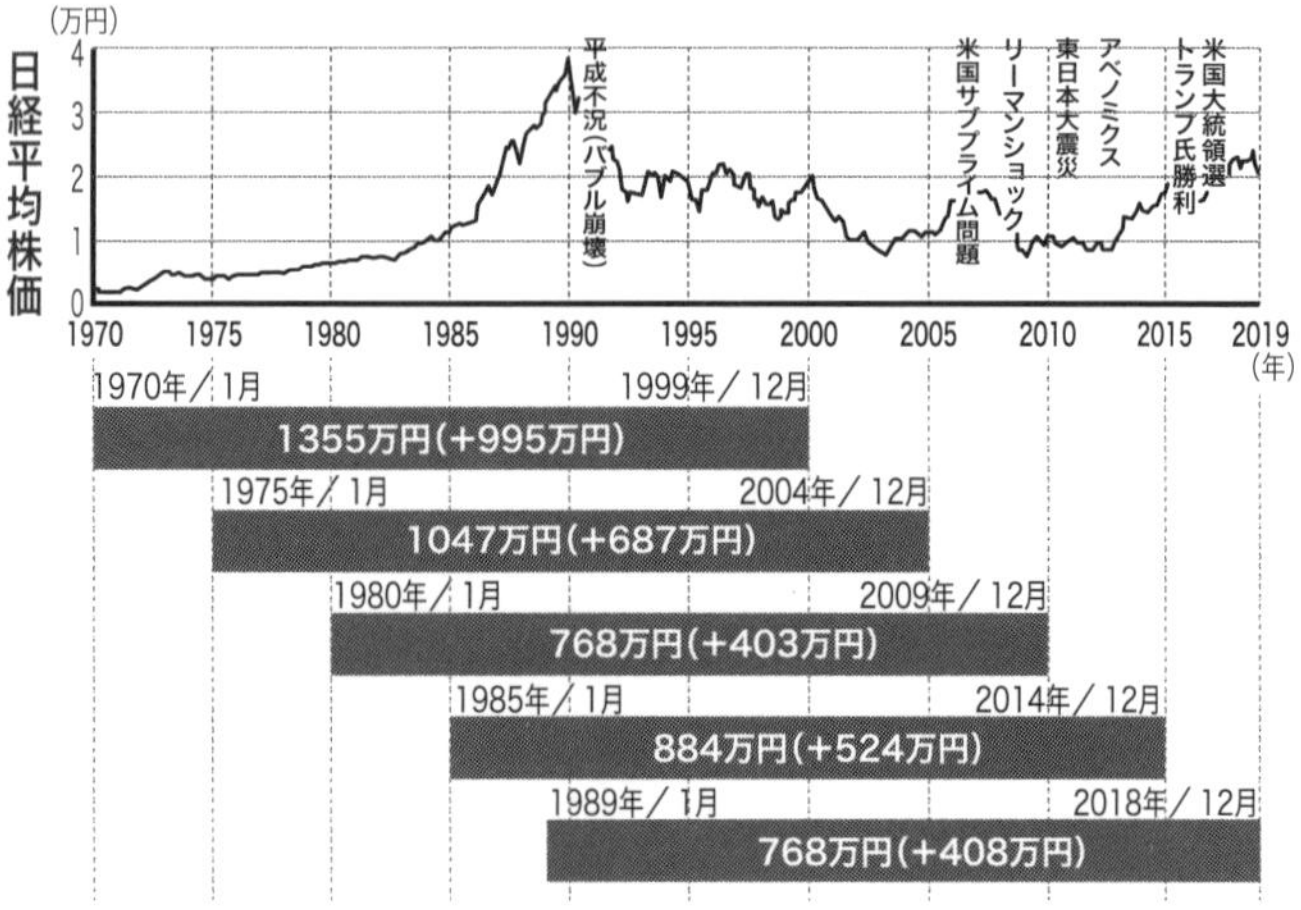

図 8-1　1970 ～ 2018 年の期間内で、30 年間にわたって毎月 1 万円ずつ投資した場合

これを見ると、高度経済成長期では最大のパフォーマンスを示していますが、バブル崩壊や、リーマンショックを経ても、かなりの金額を収益として受け取れることがご理解いただけると思います。

もちろん、２０２０年の前半のようにコロナウイルスの影響で株価がガタガタになったときに売却すると損をする可能性が高いですが、長期間運用して、株などが値上がりしたときに上手に現金化すると、30年で投資金額が2倍というのはそれほど難しくないようです。

これから数年は不景気な時期が続くと思いますが、日本経済の健全性を観察する限り、必ずまた景気のよい時代、株価が上昇する時期はやってきますので、少し怖いかもしれませんが、思い切って毎月1万～5万円をコツコツ積み立てて、積み立てていることすら忘れるくらい放置しておけば、収益はおのずとついてきます。

ノーロード、インデックス型を選ぶ

また、投資信託には、運用の仕方が2種類あります。「インデックス型」と「アクティブ型」です。

1つめのインデックス型は、投資信託の基準価額（投資信託の受益権1口あたりの時価。基本的に数字は毎日変動する）が、ある指数（インデックス）に連動した値動きになるように作られています。指数とは、どれくらい増減したかを比較するときの指標となる数字で、「日経平均株価」や「TOPIX（東証株価指数）」などがインデックスになります。

つまり、日経平均株価が1年で3パーセント値上がりすれば、その投資信託の資産もおよそ3パーセント増えるというわけです。日経平均株価は、もちろん今回のコロナショックのときのように暴落することもありますが、長期的に眺めれば、必ず持ち直す値動きを描いています。

一方のアクティブ型は、プロの投資家（ファンドマネージャー）の実力によって、基準価額をインデックスよりも上回ることを目指すというもの。一見、投資のプロが運用するので、好成績をおさめそうですが、実際には、インデックスを下回ることも多いのです。さらに、購入時手数料が必要だったり、運用のための費用が高いことが多いので、堅実に「お金を働かせる」ためには、アクティブ型はおすすめしません。

運用する金融機関によって、商品構成がかなり違うのですが、選ぶべき商品（投資信託）は次のようなものです。

1　購入時手数料がないもの
2　運用管理費用　0・6パーセント以下
3　インデックス、ノーロードと表記されているもの
4　過去の実績など気にしない
5　最低15年は収益は気にしない

投資信託は長期間にわたって積み立てる

そして投資信託は、短期間ではなく、長期間にわたって続けることが大切になります。期間の投資だと、その急落時期にぶつかって、大きく損をする可能性があるということです。

一方、長期投資であれば、その事態を回避することができます。実際に、ここ数年の日経平均株価は、たとえば、リーマンショック時の株価の落ち込みを克服して、ITバブル期（2000年）を超えるまでになっています。

さらに、毎月少額を積み立てることで、リ

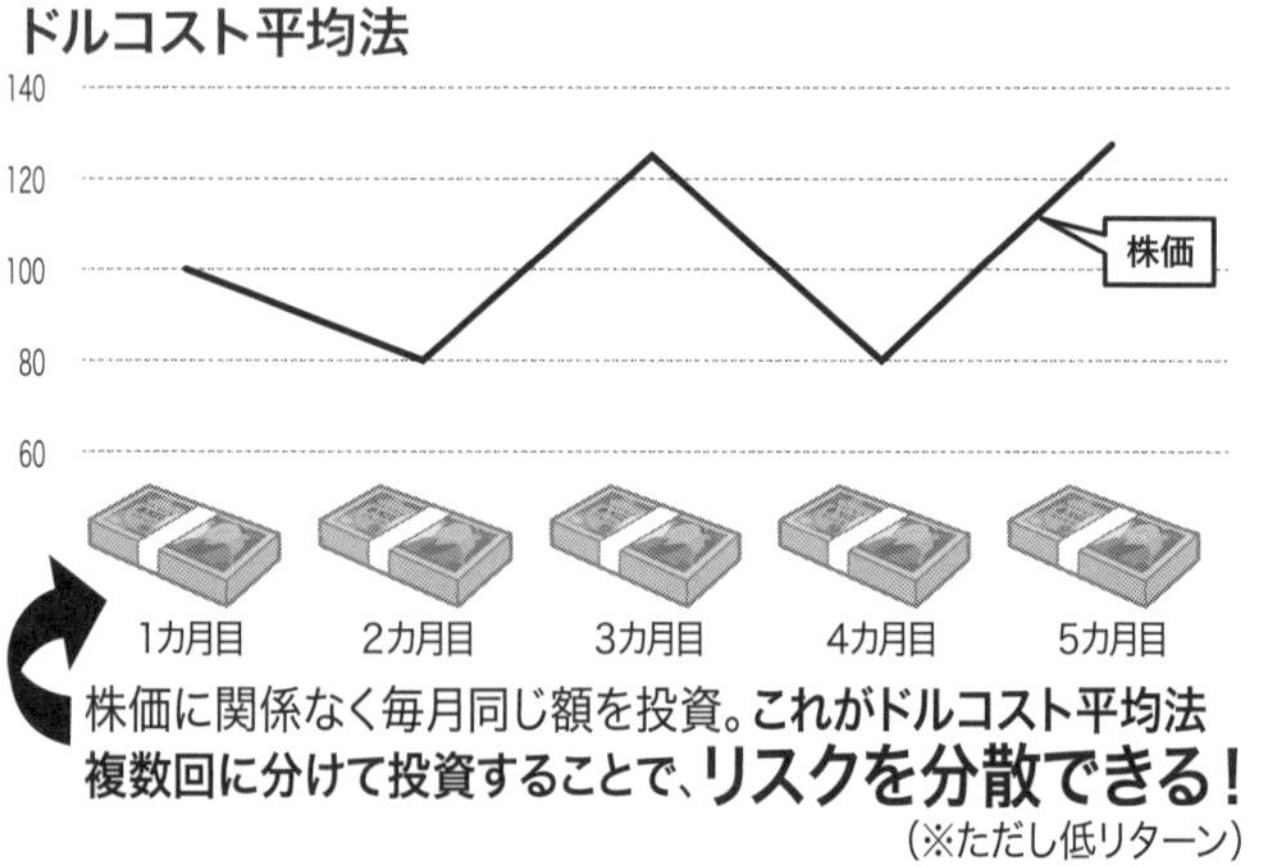

図 8-2　毎月一定額を積み立てるドルコスト平均法では、投資信託の基準価額が下がったときはより多くの口数を買うことができ、基準価額が回復したときに評価益と（値上がり×保有口数）は大きくなる

スクを最小限にすることが可能です。これは「ドルコスト平均法」と呼ばれている、昔からある投資方法です（図8－2）。毎月定額をコツコツと、10年から30年同じ商品を買いつづけることで、暴落や株価の上昇などを織り込んで、資産を作ることが可能です。

次の項でドルコスト平均法のメリットをお伝えします。毎月同じ額を、積み立てると言うのは、株価の乱高下に対しても大きな資産を作る助けになります。

長期投資であれば、複利効果が期待できる

長期投資の利点は、それだけではありません。「複利効果」が期待できるという点です。お金には3つの機能があり、その1つは「働かせる」機能だと説明しました。お金には、それ自身が働いて増えるという機能です。この機能を120パーセントの状態で稼働させるのが、複利効果です。

複利効果とは、いったい何でしょうか？

お金を金融機関に預けると、定期的に金利がついて、利息が付きます。この金利には、

元金に対してのみ利息が発生する「単利」と、元金によって生じた利息を、その元金に組み入れて、次期の利息を計算する「複利」があります。つまり、金利が複利だと、元金だけではなく、「元金＋利息」にも、次期の利息が付くのです（図８－３）。

たとえば、１００万円を金利５パーセントで５年間運用した場合、単利の場合、１２５万円ですが、複利の場合、１２７万６２８２円になります。あるいは、投資信託で毎月５万円ずつ投資をしていくと、年平均７パーセントの利回りの場合、複利で20年後には約２６００万円になります。一方、単利だと１２８４万円です。

なお、投資信託で複利の恩恵を得るのは、

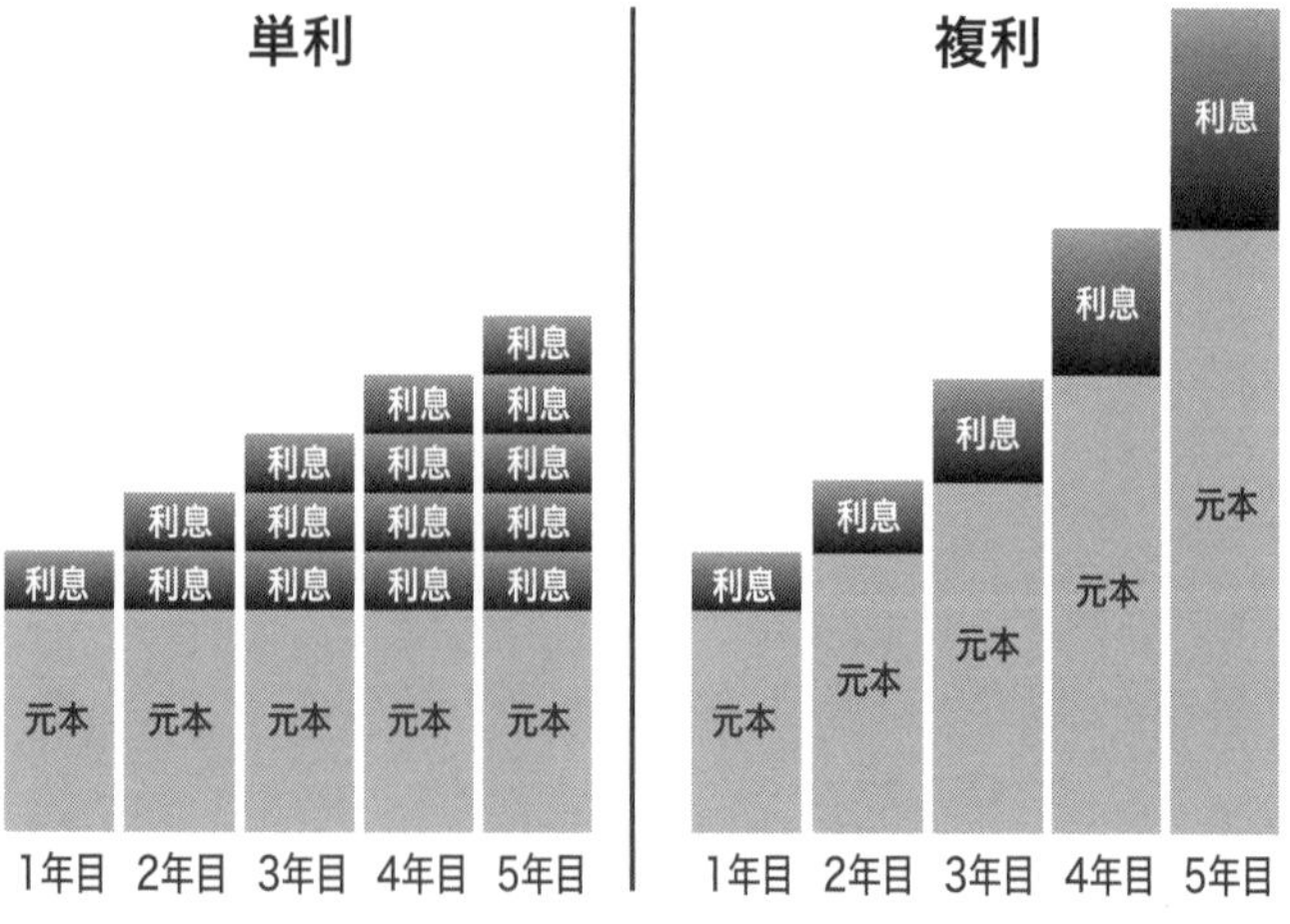

図 8-3　単利と複利の違い

「毎月分配型投資信託を選ばない」「配当（分配金）は再投資する」を選ぶことが大切です。

日本人が一番苦手で、あまりやっていないのが投資です。基本的には株式投資と公社債投資ということになるのですが、現在はコロナショックで底が見えない大不況がやって来るといわれています。

「このような状況で投資なんてしてもよいのか？」と思われるかもしれませんが、実は投資を始めるのには一番よいタイミングです。理由は、206ページに書きましたがドルコスト平均法での投資です。

この方法で投資を行なうと同じ投資金額でも、投資対象が安いときにはたくさん買えます。そして、高くなると自動的に購入単位を少なくするわけです。そのように、株式も公社債もゆるやかに上がったり下がったりを繰り返していくわけです。

そして、ある程度収益が上がった時点で売却して、収益を確保してください。

収益を確保するのが2020年の3月のようにどん底のタイミングになると当然ながら収益は見込めませんが、一般的に株価も公社債の価格も大きく価格を下げるとおよそ半年から1年程度の期間をかけて、価格が再び元の金額に戻ることがわかっています。

現在のような相場環境で積み立て投資を始めるというのはある意味とてもラッキーなのです。使うお金は、第6章でもお伝えした、保険や通信費を見直すことで捻出できる余剰資金を使ってください。生活費から捻出した資金で投資をするのは避けていただきたいと思います。

理由は、急に資金が必要になって換金しないといけないタイミングが、必ずしも株価などが高いタイミングとはならないからです。余剰資金であれば半年ほど待って、株価や公社債の価格が落ち着いてから現金化することで利益が確保できます。

とにかく、お金を貯めるコツは長期間（30年以上）複利で運用するということに尽きます。目標利回りは3パーセント以上、できれば5パーセント以上です。では、具体的にどうすればよいか見ていきましょう。

株式投資と公社債投資は、オンライン証券で買う

株式と公社債を扱っている金融機関は信託銀行と証券会社になります。この中で圧倒的

に馴染みやすくて、使いやすいのは証券会社です。

証券会社の中でも、「オンライン証券（ネット証券）」と呼ばれる証券会社がおすすめです。特に楽天証券、ＳＢＩ証券、マネックス証券、松井証券などを筆頭とした証券会社が取引手数料も安く、スマートフォンでもトレードにも対応しているのでおすすめです。

なお、この中でどの証券会社がよいかについて語ることは、本書の本来の目的ではありませんが、取引にあたり一番手数料が安い会社を選ぶとよいでしょう。あとは、Ｗｅｂサイトなどを見ながら一番使いやすそうな、親切そうなものを選ぶのがよいのではないでしょうか。


決して銀行の窓口や生命保険や損害保険の担当者などから投資信託を購入しないでください。一般的には、金融機関の営業担当者が、お客様が儲かる商品をすすめることは、あまり考えられません。というのも、彼らは単なる金融商品の売り手（営業員）であり、資産運用のプロではないからです。それだけに、金融機関が儲かる商品を勧める傾向が強いのです。つまり、手数料収入が多いものを勧めてくる場合が多く、自分たちの売上ノルマや、手数料のための行動が見受けられます。家族などどうしても断れない場合を除いて、頼まれたからと漫然と購入していたのでは大切な資金が失われてしまいます。

２０１９年に大きな問題になった簡易保険の違法加入問題は、これらとは性格が少し異なりますが、過大なノルマと違法な契約がセットになった問題です。われわれ消費者がきっぱりと断っていれば、これほど多くの違法契約の口座が生まれなかったということを考えると、あくまでも自分の判断で行動して、合理的な条件がない場合は、加入を断るなど断固たる措置を執るべきだったのです。

セールスマンがいい人だから、かわいそうだからといってみすみす損をする契約をするようなお人好しでは大切な老後資金を守れません。

老後資金はｉＤｅＣｏ個人型で増やす

ここ数年、メディアなどで「ｉＤｅＣｏ」が取り上げられる機会が増えました。ｉＤｅＣｏとは「個人型確定拠出年金」のことです。

60歳までの間に、毎月５０００円以上（上限額2万３０００円）で、そのお金をもとに、自分で選んだ投資信託（定期預金などでもＯＫ）を組み合わせて運用する制度のことです。

また、金がないときなどには拠出も一時的に停止することも可能です。

そして、60歳以降、貯まったお金を年金もしくは一時金で受け取れる年金制度です。確定拠出年金は「企業型」と「個人型」があり、後者がｉＤｅＣｏです（次ページ図８－４）。

確定拠出年金がスタートしたのは２００１年。しばらくは知名度が低かったのですが、２０１７年から、それまで企業型と個人型に重複して入ることができなかったのが、企業型に入っている会社員も、一部の例外をのぞき、個人型に加入できるようになり、加えて、公務員や専業主婦にも対象が広がり、ほぼすべての人がｉＤｅＣｏに加入できるようになったことで、一気に人気になりました。

なお、企業型の確定拠出年金に加入されている方は、ｉＤｅＣｏに加入できない方もいらっしゃいます。企業型の場合の最大掛け金は、月額5万５０００円とされていますが、満額の年金に加盟していない場合は、自己負担で増額することが可能です。

そして、増額した自己負担分に関して、ｉＤｅＣｏと同様に税制上も、優遇されることになっています。

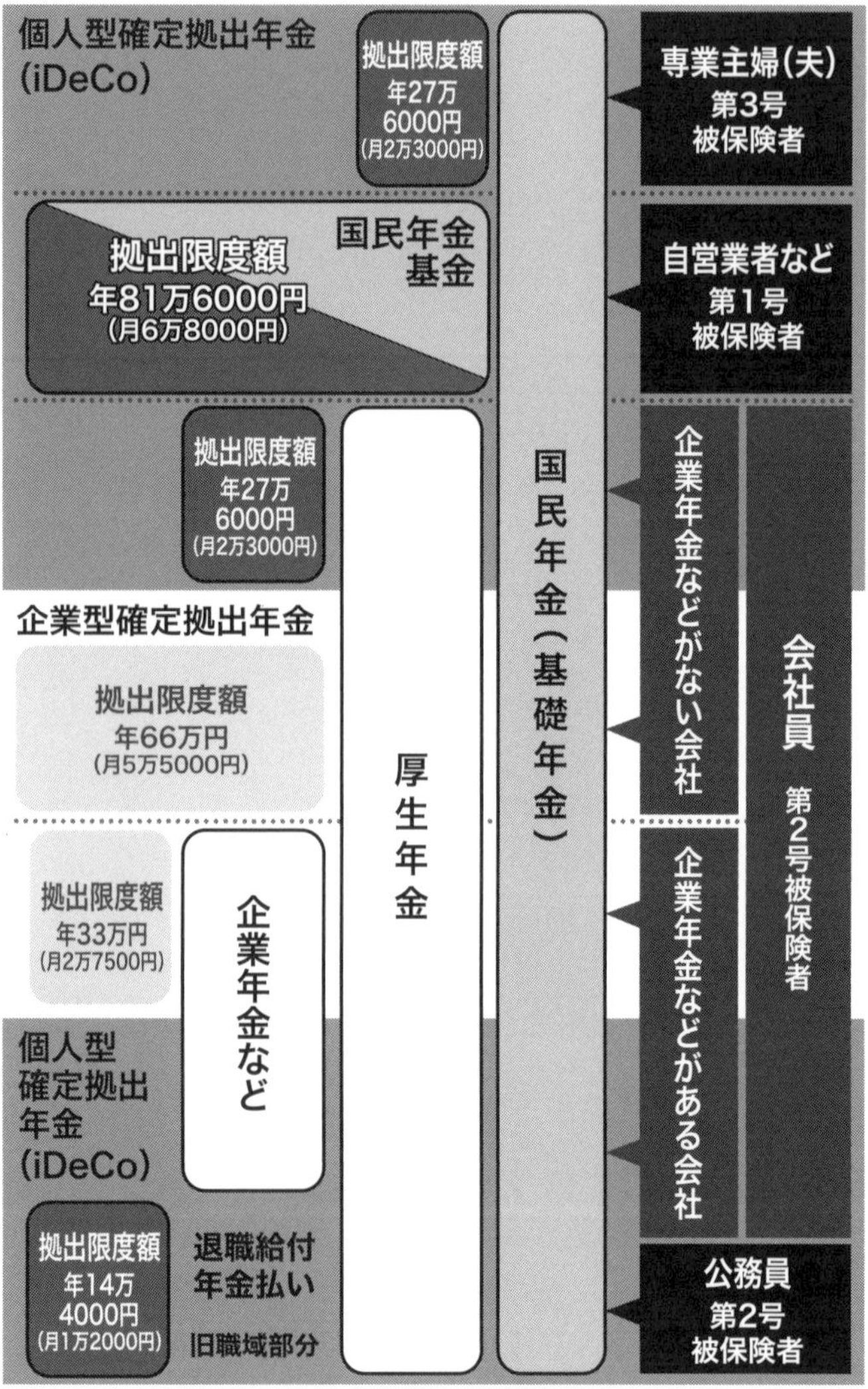

図 8-4　現在では、会社員だけでなく、公務員や主婦など、ほとんどの人が iDeCo（個人型確定拠出年金）に加入できる

iDeCoのメリット　税金が安くなる

iDeCo最大のメリットは、所得税と住民税の低減です。

たとえば、毎月2万3000円の積み立てを行なった場合、年間の積立金額27万6000円になります。この金額が所得から控除されます。

所得金額は、年収や扶養家族などによって異なりますが、サラリーマンのご家庭の場合は、所得税が5〜10パーセントくらいではないでしょうか。

おおよそですが、年収650万円を超えてこないと税率が20パーセントになることはありません。20パーセントの次は23パーセントですが、これは年収1100万円前後になります。

ここでは、年収がおよそ400万円の方の例で考えてみます。

年間27・6万円をiDeCoに積み立てると、この金額に対する所得税と住民税が年末調整で返ってきます。

この方の所得税率が10パーセント、住民税率が10パーセントとすると、

27・6万円　×　（10パーセント＋10パーセント）　＝　5・52万円

となり、年末に掛け金の20パーセント分が戻ってきます。これが、60歳の払い込み終了まで続きます、なお、現在この払い込み終了を65歳まで延長できるように仕組みを変える方向で政府は検討中です。

また、積み立てたお金を受け取るときも、控除の対象になります。iDeCoで積み立てたお金は、60歳以降、「年金」として受け取るか、「一時金（退職金）」として受け取るか、2つの方法から選べますが、前者の場合は「公的年金控除」、後者の場合は「退職所得控除」という優遇処置を受けられます。

たとえば、退職所得控除の場合、大卒の人が60歳までの38年間同じ会社で働くと、2060万円までが非課税になります（図8－5）。

なお、この額を上回ったとしても、その差額の半分のみが、課税対象になります。

勤続年数(=A)	退職所得控除額
20年以下	40万円×A (80万円に満たない場合には、80万円)
20年超	800万円+70万円×(A−20年)

(注)

1　障害者になったことが直接の原因で退職した場合の退職所得控除額は、上記の方法により計算した額に、100万円を加えた金額となります。

2　前年以前に退職金を受け取ったことがあるとき又は同一年中に2カ所以上から退職金を受け取るときなどは、控除額の計算が異なることがあります。

(例)

1　勤続年数が10年2カ月の人の場合の退職所得控除額
勤続年数は11年になります。
(端数の2カ月は1年に切上げ)
40万円×(勤続年数)=40万円×11年=440万円

2　勤続年数が30年の人の場合の退職所得控除額
800万円+70万円×(勤続年数-20年)=
800万円+70万円×10年=1,500万円

図8-5　退職所得控除額の計算の表（出典：国税庁「No.1420　退職金を受け取ったとき（退職所得）」
https://www.nta.go.jp/taxes/shiraberu/taxanswer/shotoku/1420.htm）

iDeCoのもう1つの大きなメリットは、キャピタルゲイン課税がかからない点です。

通常、株式や投資信託で利益が出ると、キャピタルゲイン課税がかかります。

たとえば、100万円の利益が出たとします。この利益を得ようとして、売却した場合、実際には、約79万円の取り分となります。利益に対して、20・315パーセント（所得税＋復興特別所得税＋住民税）の税金がかかるためです。iDeCoを使って、投資信託を購入すると、この税金がかかりません。そのためいくら収益を上げても、無税で収益をすべて受け取れるのです。

iDeCoの取扱金融機関

iDeCoは、ほとんどの金融機関で取り扱っています。

大手都市銀行、地方銀行、信用金庫、生命保険会社、証券会社などです。損害保険会社の一部では取り扱いがありませんが、そのほかにAUアセットマネージメントなどの通信会社のグループ企業やさわかみファンドなのを運営する投資ファンドが取り扱っている場合もあります。

数多くの金融機関のうちどこがよいかということになりますが、この章の冒頭でお伝えしたように、オンラインの専業証券会社をおすすめします。

理由は、店舗に訪問して契約するのではなく、すべて郵便とオンラインで手続きが済む利便性と、その利便性に伴う手数料の低さにあります。

この制度を使う以上、手数料はどうしても発生します。

たとえば、口座開設時、毎月の資金の拠出時、さらにはお金を引き出すときにも手数料が発生するのです。

これらのすべてに高額の手数料を要求する金融機関もあるのですが、オンライン専業証券会社は、ほとんど無料か、非常に安いところが多いのが特徴です。特に、毎月かかる拠出時の手数料ですが、これは月額１７１円が２０２０年4月現在では最安値となっています。

その手数料でｉＤｅＣｏができる代表的な企業は、楽天証券、ＳＢＩ証券、松井証券、マネックス証券などになります。このほか、みずほ銀行やａｕアセットマネージメントなども同じ手数料での対応をしています。

その中で、選ぶべき商品は２０５ページにも書きましたが、このような条件を満たすものの中から選んでいただければよいでしょう。

1　購入時手数料がないもの
2　運用管理費用　0.6パーセント以下
3　インデックス、ノーロードと表記されているもの
4　過去の実績など気にしない
5　最低15年は収益は気にしない

教育資金などの長期資金はつみたてNISA

投資信託はiDeCoを使えばいいと、前項でお伝えしましたが、iDeCoには「月の上限額が2万3000円」という制限が設けられています。本書では、生命保険の見直しや携帯電話の乗り換えなど、さまざまな節約術を紹介しました。皆さんの中には「もっと投資にまわしたい」という人もいるかもしれません。

また、「60歳まで解約できない」という条件もあります。つまり、60歳になるまで1円たりとも引き出しができないのです。ですので、余剰資金のすべてをiDeCoにまわすことに怖さを感じる方もいるはずです。

その場合は「NISA」を使って、投資をしていきましょう。

NISAとは「少額投資非課税制度」のことで「つみたてNISA」と「一般NISA」があります。iDeCoと同様に、投資信託などで得た利益は、全額非課税になりますが、「一般NISA」は、その期間が最長5年となっていて、さらに、2023年末でサービスは終了になります。

現在、政府か「NISA」をどのようにするか最終決定していませんが、現在報道されている方向では、「つみたてNISA」の非課税期間は現在の20年を守ることとなってくれそうです。その場合は。この制度の終了前の2023年の12月末までに積み立てを始めれば、20年の間、キャピタルゲイン課税が非課税で運用することが可能です。

つまり、「つみたてNISA」は、全額非課税の期間は最長20年間で、2042年までサービスは続きますので、長期間運用して、収益の確保を目指すことがピッタリの商品です。「つみたてNISA」の年間投資上限額は40万円で、対象となる商品は「国が定めた基準を満たした投資信託」となっています。とはいえ、本書がおすすめしている商品は選ぶことができるので、心配はありません。

つみたてＮＩＳＡを取り扱っている金融機関は、数多くありますが、やはり手数料と利便性という観点で選ぶとどうしてもオンライン専業の証券会社ということになります。

ですので、いくつも口座を管理するのが面倒な方は、１つの証券会社でｉＤｅＣｏとつみたてＮＩＳＡの両方を運用するほうがよいでしょう。

われわれに有利なこの２つの制度を駆使して、老後資金、教育資金など将来必要になる大きなお金を適切に貯めていただければ、老後も怖いものがなくなります。

お金の問題が解決すれば、人生においての問題は、ほとんどなくなります。それは断言できます。皆さんの人生に幸多かれと願い、今回のお話はおしまいにしたいと思います。

おわりに

ここまでお読みいただき、ありがとうございました。今回は、昨年急に話題になりました「老後2000万円問題」の解決策の提案としてこの本を出版する思いになりました。家の性能のことやお金のこと、ローンの仕組みといったこともお伝えしようと思っていた矢先、世の中は新型コロナウイルスのことで未曾有の事態になってしまいました。

これからは、アフターコロナを考えた暮らし方に変化していかなければいけないともいわれております。また東京一極集中の社会情勢を含め、働き方、学び方、暮らし方といったこと、現在の価値観や常識といった考え方の変化も、要求されることは必須と思います。それを具体的に考えますと、都市の駅近で居住するのが一番良いといった、利便性重視の価値自体が幻想ではないかということです。本来、人はもっと自然と共存して生きていくべきでは？　そのようなことを考えると、単に利便性だけではなく、本来の生き方に目覚める時期かもしれません。現在、人と人とが繋がれません。ソーシャルディスタンスとして、三密を避けなければいけません。縁と縁が築けません。とても不幸で不自然です。

「陰陽五行思想」という古くからの教えがあります。自然界のものは、皆一様にバランスをとりながら、成り立っているという考え方です。これから家を買う方にとって大事なバランスとは、出ていくお金と出ていかないお金のバランスを考えることです。これはしっかりとした家を建てないと、お金が出ていくだけにもなりかねません。

具体的にお話しますと、住宅ローンの選択も大事ですが、いかにしてお金が貯まる家に住むかといったことが、大事だということです。この本ではそのヒントになることを紹介してきました。家づくりには、流行り廃りがあります。色や形や材料、デザインや間取りといったことです。しかし家づくりで最善を尽くすべきことは、性能や、お金、健康のことと考えます。これらについては、本当の家づくりのプロのアドバイスを聞いていただきたいと思います。決して耳障りの良い話ではないかもしれません。しかし、お客さまには、ぜひそのプロの熱意を信じていただきたいと思います。

絶対に失敗していただきたくない、これから20年、30年とお付き合いさせていただく心意気を感じてください。家づくりにおいて、注意することや、お金についてもこんな考え方もあるのだと、共感していただけたらうれしいです。

私は、今回の出版が二冊目となります。初の著書『知らなきゃ損、建てる前に必ず読む本』

を購読してくださった方々からは、いろいろなご質問をいただき、私なりの解答、アドバイスをさせていただいております。この本を読まれた方も、お気軽にお問い合わせ、ご質問などをいただければうれしく思います。最後になりますが「想いは心」、あなたの想いをお聞かせください。おかげさまでありがとうございます。

明工建設株式会社　代表取締役　仁藤衛

このたびは本書を手に取っていただき、誠にありがとうございます。内容は気に入っていただけたでしょうか？

私は、新潟県上越市で子育て世代向けに、省エネ性能に特化した注文住宅を専門に建てている横尾建設工業という会社を経営しています。住宅にかかわってからは、およそ20年ほどですが、おかげさまで、この20年で５５０棟を超える地域の皆さんの家づくりにかかわらせていただいています。

新潟県は雪が深いので有名です。上越市は日本海側に面しているので、スキー場があるエリアに比べると雪は少ないほうですが、それでも冬に最大で2～3メートル程度の積雪があります。冬は太平洋側と違って、晴れ間がほとんどない日が4カ月ほど続きます。

そのような世界的に見ると少し厳しい気象条件だからこそ、建物の性能にはこだわってきました。そして、今後もさらにこだわっていきたいと思っています。

この本で伝えたかったのは、省エネ性能と耐震性能に加えて、価格のバランスがとれた住宅を手に入れることは十分に可能だということです。

さらに、家を建てて老後に必要な資金を充分に貯めて、子育て中もワクワク楽しく、お子さまが成長して独立したあとも、そして、ご夫婦の老後も豊かに暮らして行くことはそんなに難しいことはありません。

実際に、年収レベルでいえば300万円台のご家族からでも十分に素敵な新築を手に入れている方がたくさんいらっしゃいます。

ただし、長い人生ですからマイホームだけが目的ではないと思います。家は建てることが目的ではなく、それから始まる40年以上の幸せこそが、皆さんの人生での目的だと思って本書を書いてみました。

もちろん、お金はあればあるほどよいでしょう。ですが、お金のために家族が不自由な思いをしたり、笑顔が消えるようなことがあってはいけません。

私も子どもがいますが、家族揃って次の旅行のプランを考えたり、庭でバーベキューをしたり、学校であった出来事をうれしそうに話してくれたりする、そんな何気ない、たわいもない時間こそが、ある意味一番の幸せと感じることが多いです。

子どもはすぐに大きくなって、偉そうなことを言って、親から離れていきます。それは寂しいですが子どもの成長でもあります。短い子育ての時間と、そこから30年以上続く夫婦2人の時間を、希望が叶ったマイホームで送っていただければと願っております。

皆さんの家づくりと人生の参考になれば心からの喜びです。もちろん、本書の内容やご質問はいつでも受け付けております。会社までお電話ください（電話番号　0120-998-450）。

横尾建設工業株式会社　代表取締役　横尾祐司

大井康史（おおい やすし）

大井建設工業（株）代表取締役社長
1964年、長野県軽井沢町生まれ。
信州大学工学部卒業後、三井不動産建設（株）で8年勤務。1994年大井建設工業（株）に入社し、2005年に2代目社長に就任。さらなる健康・省エネルギー住宅の開発のため、母校の信州大学工学部　建築学科と共同研究をしている。2009年に出版した「家づくりで成功する7つの秘訣」は発売出版社から優秀賞を受賞。
長野県建設業協会 佐久支部理事、軽井沢不動産協会 理事
主な資格　1級建築施工管理技士、宅地建物取引士、1級土木施工管理技士、1級造園施工管理技士、測量士など。
Webサイト　https://www.ooi-kensetsu.co.jp/

仁藤 衛（にとう まもる）

明工建設株式会社 代表取締役
明工建設株式会社一級建築士事務所　管理建築士
MEIKO夢ハウス株式会社　代表取締役
1963年、静岡県牧之原市生まれ。
静岡県立島田工業高等学校建築科卒業後、地元の総合建設業者を経て1988年に明工建設株式会社に入社、一貫して現場監督を続けながら住宅、マンション建設、商業施設建設、公共工事と幅広く対応し、品質、工程、原価管理のスペシャリストとして同業他社や設計事務所からの信頼は厚く、その広汎な知識や情報の教示を願うメーカーや同業者の相談は後を絶たない。2015年、同社代表取締役に就任。現在は会社経営の重責をこなしながらも、お客さまへのご提案や工事段取りなどにも直接対応してお客さま第一主義を貫いている。一方、学力優秀な二男一女を育て上げた経験から「住まいと子育て」というテーマでの相談も数多く受けている。そのほか非営利団体でもある、オーガニックで豊かな暮らしの家づくり推進協議会の会長も務めている。
主な資格は、一級建築士、一級建築施工管理技士、一級土木施工管理技士。
Webサイト　https://www.meiko-gr.jp/

横尾祐司（よこお ゆうじ）

横尾建設工業株式会社 代表取締役
1級建築士／1級土木施工管理技士
1968年、新潟県上越市生まれ。
日本大学理工学部卒業後、東京のゼネコンに入社。国家プロジェクト級の土木構造物建設に従事。最初の現場は、東京湾アクアライン建設。1999年に横尾建設工業（株）入社。2003年、代表取締役就任。良い家を安く造るために全国工務店ネットワークを活用し、従来よりも30%のコストダウンを可能にした。子育て世代のための安価で高品質の住宅づくりに取り組む。自身も15歳と11歳の男の子のパパで、まさに子育て世代。
Webサイト　https://www.yoko-kensetsu.com/

お金を貯めたければ家を建てよう
30代のためのエコハウス

2020年 10月 31日　初版第1刷発行

著　者　　大井康史・仁藤 衛・横尾祐司
発行所　　WAVE出版
〒102-0074　東京都千代田区九段南3-9-12
TEL 03-3261-3713　FAX 03-3261-3823
Email info@wave-publishers.co.jp
URL http://www.wave-publishers.co.jp
印刷・製本　中央精版印刷

ISBN978-4-86621-310-1　Printed in Japan

NDC525 232p 19cm